FORUM DEUTSCHE LITERATUR 1

Thomas Pago

Der empfindsame Roman der Aufklärung

Christian Fürchtegott Gellerts
Leben der schwedischen Gräfin von G***
und Sophie von La Roches
Geschichte des Fräuleins von Sternheim.
Eine vergleichende Untersuchung

m press »

Die vorliegende Arbeit wurde 1985 im Rahmen der Ersten
Staatsprüfung für das Lehramt an Gymnasien für die
Sekundarstufe II in Münster als Schriftliche Hausarbeit
angenommen.

Die Deutsche Bibliothek verzeichnet diese
Publikation in der Deutschen Nationalbiblio-
grafie; detaillierte bibliografische Daten sind
im Internet über http://dnb.ddb.de abrufbar.

© 2003 Martin Meidenbauer
Verlagsbuchhandlung, München

Umschlag-Abbildungen:
Christian Fürchtegott Gellert (1715-1769)
Sophie de La Roche (1731-1807)
© Verlag

Printed in Germany

Gedruckt auf chlorfrei gebleichtem, säure-
freiem und alterungsbeständigem Papier

ISBN 3-89975-452-2

Verlagsverzeichnis schickt gern:
Martin Meidenbauer Verlagsbuchhandlung
Erhardtstr. 8
D-80469 München

www.m-verlag.net

INHALT

EINLEITUNG

Lange Zeit galt die erste Hälfte des 18. Jahrhunderts hinsichtlich der literarischen Produktion als eine Übergangs- und Vorbereitungszeit ohne eigenes Gewicht. Die lyrischen Gattungen hatten sich vor der durch Klopstock initiierten Revolution nur wenig von den Modellen des 17. Jahrhunderts entfernt, eine eigenständige deutschsprachige Dramatik fehlte, während die Leistungen der Dramatiker des 17. Jahrhunderts eine Generation später in Vergessenheit geraten waren oder als Beispiele für Formlosigkeit und Schwulst dienten; auf dem Gebiet des Romans, ohnehin einer zu jener Zeit theoretisch kaum akzeptierten und dem Epos nachgeordneten Gattung, schien nach dem Ende des Barockromans und vor dem Neubeginn bei Wieland und Goethe wenig Erwähnenswertes entstanden zu sein. Erst in den letzten zwanzig Jahren setzte eine verstärkte Beschäftigung mit der Romanproduktion und -theorie dieser Zeit ein.[1] Zu den unterschiedlichen Romantypen jener Jahre gehört als eine der langlebigsten die Gattung des besonders durch Richardson angeregten empfindsamen Aufklärungsromans, als dessen herausragende und zu ihrer Zeit höchst populäre Vertreter Christian Fürchtegott Gellerts *Leben der schwedischen Gräfin von G****, Johann Timotheus Hermes' *Sophiens Reise von Memel nach Sachsen* und Sophie von La Roches *Geschichte des Fräuleins von Sternheim* gelten.[2] In der vorliegenden Arbeit werden die Romane von Gellert und La Roche zum Gegenstand einer vergleichenden Untersuchung gewählt, da sie schon allein historisch gesehen Eckpunkte einer Gattungsentwicklung darstellen: Gellerts *Leben der schwedischen Gräfin von G**** erschien 1747 und 1748, zu einer Zeit also, da die theoretischen Auseinandersetzungen zwischen Gottsched und den Schweizern Bodmer und Breitinger noch nicht lange zurücklagen; die *Geschichte des Fräuleins von Sternheim* wurde 1771 erstmals veröffentlicht, nur drei Jahre vor Erscheinen des *Werther*. Die Differenzen, die sich zwischen den

---

[1] Vgl. dazu die umfangreichen bibliographischen Angaben bei Dieter Kimpel: *Der Roman der Aufklärung (1670 - 1774)*, 2., völlig neubearb. Aufl., Stuttgart 1977 (Sammlung Metzler, M 68).

[2] Vgl. Kimpel, S. 89-114.

zwei thematisch vergleichbaren Romanen aufweisen lassen, liefern daher
gleichzeitig Indizien für den Umbruch, der sich in der Mitte des Jahrhunderts in Theorie und Praxis der Literatur vollzogen hat.
Beide Romane standen lange Zeit eher am Rande des Forschungsinteresses.
Gellert, seit den Abwertungsversuchen in den siebziger Jahren des 18.
Jahrhunderts kaum anders denn als Volksschriftsteller und Autor der Fabeln
gewürdigt, steht in den letzten Jahren wieder häufiger im Blickfeld ger-
manistischer Forschungen; dennoch verzeichnet noch Carsten Schlingmanns
1967 erschienene Monographie unter achtundfünfzig Titeln in der Biblio-
graphie nur drei Arbeiten, die sich explizit der *Schwedischen Gräfin* wid-
men.[3] Was Sophie von La Roche betrifft, gilt das Urteil einer Biographin
des 19. Jahrhunderts - "ihre Werke haben schon heute keine Leser mehr"[4] -
immer noch und vielleicht mehr denn je.
Ziel der vorliegenden Arbeit ist es, diese einst berühmten und heute
nahezu vergessenen Romane zu untersuchen und auf diesem Wege der Analyse
zweier exemplarischer Romane den vorgegebenen und zunächst scheinbar widersprüchlichen Gattungsbegriff des 'empfindsamen Aufklärungsromans' näher
zu definieren. Die heterogen scheinenden Elemente sollen dabei, soweit
es möglich ist, isoliert werden: Aufklärungsrationalität und empfindsame
Gefühlskultur bilden die zentralen Kategorien, an denen sich die Einzel-
analysen ausrichten und an denen sich auch die Gliederung insgesamt - mit
Ausnahme der Kapitel zu formalen und poetologischen Fragen - orientiert.
Dabei werden zunächst zentrale Themen und Motive, aber auch darstellungstechnische Probleme behandelt; die Analyse des Romans der La Roche weist
darüberhinaus auf Differenzen zu Gellert hin. Auch wenn die Kapitel zu
Gellert und La Roche weitgehend parallel gestaltet sind, müssen sie nicht
in jedem Fall deckungsgleich sein. Zwar verbindet die Leitfrage nach der
Darstellung aufklärerischer Vernunft und die möglicherweise konträren
Indizien für Empfindsamkeit und Gefühlskultur die beiden Hauptteile,
doch müßte man wichtige Aspekte übergehen, wollte man sich ausschließlich
auf solche Motive beschränken, die beiden Romanen gemeinsam sind. Fragen

---

[3] Carsten Schlingmann: *Gellert. Eine literarhistorische Revision*, Frankfurt am Main 1967 (Phil. Diss.).

[4] Ludmilla Assing: *Sophie von La Roche, die Freundin Wieland's*, Berlin
1859.

nach dem generellen Verhältnis der Empfindsamkeit zur Aufklärung sowie
literatursoziologische Deutungsansätze kommen an den entsprechenden
Stellen zur Sprache; am Ende wird auf die Problematik von Wertungen ein-
gegangen.

Der naheliegende Vergleich insbesondere der *Sternheim* mit den Vorbildern
bei Richardson wird nicht unternommen; zum einen, weil eine detaillierte
Arbeit zu diesem Thema bereits vorliegt,[5] zum anderen, weil es hier lediglich um die Beschreibung eines im 18. Jahrhundert einige Jahrzehnte lang
populären Typus anhand von zwei Beispielen geht, nicht um Ableitungen,
Einflüsse und Originalität, eine in jener Zeit ohnehin noch nicht wirklich
etablierte Wertungskategorie.

---

[5] Vgl. Kuno Ridderhoff: *Sophie von La Roche, die Schülerin Richardsons und Rousseaus*, Einbeck 1895 (Phil. Diss. Göttingen, 1894).

1. Das Ideal des vernünftigen Handelns

a) Moralität und Affektkontrolle

In seiner 1744 veröffentlichten *Lehre von den Gemüthsbewegungen überhaupt*[1]
entwirft der Baumgarten-Schüler Georg Friedrich Meier ein Modell der
Psychologie, das trotz einer dezidierten Abgrenzung von neostoizistischen
Wertvorstellungen und zögernder Rehabilitierung des Affketbereichs[2] die
Idee einer Hierarchie der "Seelenvermögen" nicht preisgibt.

> "/¯Es_7 ist Ueberlegung, Nachdencken, Meditiren, Studieren, ein
> starcker Gebrauch des Verstandes und der Vernunft (...) eine Hinder-
> niß der Leidenschaften (...). Die Gemüthsbewegungen sind als Sclaven
> anzusehen, über welche die Vernunft von Rechtswegen die Aufsicht und
> Herrschaft haben soll."[3]

Ein Hinweis auf die latente Bedrohung von Rationalität durch "Leidenschaften" - sie beeinträchtigten das Erkenntnisvermögen, führten zu Bewußt-
losigkeit, Ohnmacht, sogar zum Tode[4] - unterstreicht die Notwendigkeit,
den Affektbereich einer strikten Kontrolle durch die Vernunft zu unter-
werfen.

Eine solche Bewertung durch einen Mann, der zu den wichtigen Neuerern
auf dem Gebiet der Ästhetik gehörte, nur drei Jahre vor Erscheinen der
- vermutlich - ersten Auflage der *Schwedischen Gräfin* verdeutlicht, daß
die im Verlauf der folgenden Jahrzehnte fortschreitende Aufwertung des
emotionalen Bereichs in den vierziger Jahren noch nicht sehr weit gediehen

---

[1] Georg Friedrich Meier: *M. Georg. Friedrich Meiers theoretische Lehre
von den Gemüthsbewegungen überhaupt*, Halle 1744; Photomechanischer Nachdruck: Frankfurt am Main 1971.

[2] Vgl. ebd., §77, S.101-103.

[3] Ebd., §94, S.134. Hier wie bei allen zitierten Quellen aus dem 18. Jahrhundert gilt, daß die Orthographie derjenigen des Originals entspricht;
lediglich das übergeschriebene e in Umlauten wird durch die heutige
Schreibweise *ä, ö* und *ü* ersetzt.

[4] Vgl. ebd., §91, S.129f. und §98, S.142f.

war; die Aufklärung bleibt in dieser Phase noch stark den Werten des 17. Jahrhunderts verhaftet.[5]

Spuren dieser Denkweise, aber auch schon beachtliche Relativierungen finden sich auch in Gellerts *Leben der schwedischen Gräfin von G****. Im Rückblick auf ihre Kindheit und Jugend zu Beginn des ersten Teils entwirft die Erzählerin das Bild einer vollkommen erzogenen jungen Dame; die Beschreibung beschränkt sich dabei im wesentlichen auf eine Illustration der Zentralbegriffe *Tugend* und *Vernunft* ("vernünftig": S.5, Z.26 und 30; S.6, Z.25f. und 37; "klug": S.5, Z.28; "Verstand": S.6, Z.14 und 31; S.7, Z.1, 3 und 13; "Tugend": S.6, Z.27 und 33; S.7, Z.23).[6] Bis auf eine erwähnte Warnung vor übertriebener weiblicher Eitelkeit wird der Begriff der Tugend an dieser Stelle allerdings nicht in einzelne dogmatisch verordnete Verhaltensnormen aufgelöst; vielmehr wird Tugend, auch wo sie den Affektbereich, das *Herz* betrifft, der Leitung der Vernunft unterstellt:

"*/¯*Mein Vetter*_7* überführte mich von den großen Vorteilen der Tugend (...). Er hatte die Geschicklichkeit, mir alle diese Wahrheiten nicht sowohl in das Gedächtnis, als in den Verstand zu prägen (...). Mit einem Worte, mein Vetter lehrte mich nicht die Weisheit, mit der wir in Gesellschaft prahlen (...), sondern die von dem Verstande in das Herz dringt."[7]

Wenn hier auch nicht das Postulat der Affektkontrolle im oben zitierten Sinne aufgestellt wird, so läßt sich doch schon die Höherbewertung der "oberen Seelenkräfte" erkennen: Das Tugendsystem der *Schwedischen Gräfin* ist auf allen Gebieten des Handelns[8] kaum je explizit von religiösen Normen oder Autoritäten abhängig, sondern untersteht einer zumindest dem Anspruch

---

[5]Vgl. etwa Thomasius' Verknüpfung von Literaturtheorie und Affektenlehre: "Ein junger Mensch (...) siehet auch als in einem Spiegel das Unglück, darei uns der Mißbrauch der Gemüths-Neigungen führet, und die sichere Ruhe derer, die sich beyzeiten angewehnen, die wiederspenstigen affecten zu bendigen." Christian Thomasius: Freymüthige Lustige und Ernsthaffte iedoch Vernunfft- und Gesetz-mäßige Gedancken Oder Monats-Gespräche, abgedruckt in: *Theorie und Technik des Romans im 17. und 18. Jahrhundert*, hrsg. von Dieter Kimpel und Conrad Wiedemann, Bd.1, Tübingen 1970, S.48f. Historisch gesehen dürften die Wurzeln des Ideals rational kontrollierter Lebensführung wohl im wiederbelebten Stoizismus des 16. Jahrhunderts zu suchen sein; vgl. dazu Günter Abel: *Stoizismus und frühe Neuzeit. Zur Entstehungsgeschichte moder-nen Denkens im Felde von Ethik und Politik*, Berlin und New York 1978, S.88.

[6]Hier und im Folgenden zitiert nach: Christian Fürchtegott Gellert: *Leben der schwedischen Gräfin von G****, hrsg. von Jörg-Ulrich Fechner, Stuttgart 1968 (RUB Nr. 8536/37).

[7]Ebd., S.6f.

[8]Der Begriff "Moral" umfaßt bei Gellert nicht nur den engen Bereich

nach autonomer Vernunft; Moralität und Rationalität werden kongruent, tugendhaftes Handeln ist vernünftiges Handeln (Der Umkehrschluß gilt freilich nicht: Vernunft realisiert sich im Roman in vielfältigen - noch darzustellenden - Erscheinungsformen, die nicht auf den ethischen Bereich beschränkt bleiben).

Obwohl in der kritischen Diskussion gelegentlich der Eindruck erweckt wird (Greiner nennt den Roman einen "Modellfall moralischer Planwirtschaft" und spricht von einer "intakten moralischen Weichenstellung dieser vernunftgelenkten Menschen"[9]), finden sich im Text kaum direkte Belege für ein streng antithetisches Verhältnis von moralischer Vernunft und Affektbereich. In den Reflexionen der Gräfin anläßlich ihrer zweiten Ehe mit dem Freund R** ist lediglich vom Vorrang der Vernunft die Rede. Zwar bildet die Liebe als Empfindung auch ihrer Ansicht nach die Grundlage einer gelungenen Ehe, doch wird sie von der "Klugheit" als übergeordneter Instanz gelenkt mit dem Ziel, jedem "das Maß seiner Empfindungen"[10] zuzuteilen. Auch wenn keine detaillierten Empfehlungen für ein sinnvolles Verhältnis von Vernunft und Empfindung gegeben werden, lassen diese Äußerungen der Gräfin, die zwar nicht immer als zentrale Figur agiert, als Kommentatorin jedoch letztlich Garant der richtigen Interpretation zu sein beansprucht, erkennen, daß zumindest eine Parität der beiden zunächst scheinbar polaren Seelenvermögen angeraten wird; erst in Bewährungssituationen demonstriert der Roman später den eindeutigen Primat der Vernunft. Erhellend wirkt hier der unmittelbar an die zitierte Ehe-Reflexion angeschlossene Beginn der Marianen-Episode. *Ex negativo* auf die beiden in ihrem Konzept eben durchaus nicht antithetischen, sondern sich ergänzenden Bedingungen einer Ehe hinweisend, resümiert die Erzählerin die

---

einer theologisch normierten Ethik, sondern erstreckt sich auch auf die Bereiche Ehe, Freundschaft, Erziehung, sogar auf Ernährung, Hygiene und Mode. Vgl. Schlingmann, S.108. Dem widerspricht nicht der Nachweis Dorns, daß Gellert selbst Moralität in Anlehnung an die Offenbarung definiert habe; in der *Schwedischen Gräfin* zumindest wird das nicht sehr deutlich. Vgl. Max Dorn: *Der Tugendbegriff Chr. F. Gellerts auf der Grundlage des Tugendbegriffs der Zeit. Ein Beitrag zur Wortgeschichte*, Greifswald 1921 (Phil. Diss., 1919), S.53-72.

[9]Martin Greiner: *Die Entstehung der modernen Unterhaltungsliteratur. Studien zum Trivialroman des 18. Jahrhunderts*, hrsg. von Therese Poser, Reinbek 1964, S.31.

[10]Gellert: *Schwedische Gräfin*, S.38. Vgl. dazu auch den Hinweis auf das Gebot der Affektbegrenzung im Kontext der Empfindsamkeit bei Gerhard Sauder: *Empfindsamkeit. Bd. 1: Voraussetzungen und Elemente*, Stuttgart 1974, S.153: "Die Zähmung der Leidenschaften ist ein wesentliches Element im Programm empfindsamer Diätetik."

Reaktionen auf die ersten Nachrichten von Carlsons plötzlicher Heirat:
"Wir vermuteten bei dieser Ehe zwar genug Liebe, aber nicht genug
Überlegung."[11]

Eine ähnliche Einschätzung äußert der Freund R**, von der Gräfin um Rat
wegen einer zweiten Eheschließung gefragt:

"Die Liebe und meine Philosophie sind einander gar nicht zuwider.
Eine recht zufriedne Ehe bleibt nach allen Ansprüchen der Vernunft
die größte Glückseligkeit des gesellschaftlichen Lebens (...).
Wir haben alle eine Pflicht, uns das Leben so vergnügt und anmutig
zu machen, als es möglich ist."[12]

Was hier in gedrängter Form als Ansatz zu einer eudämonistischen Ethik
hervortritt, ließe sich genau genommen schon als Versuch einer Harmonisierung von Vernunft und Empfindung, als Einheit von "Kopf" und "Herz" werten;
es unterscheidet sich nur geringfügig von im weiteren Verlauf des Romans
auftretenden Vorstellungen und Verhaltensleitlinien. Vom ethischen Ideal
der Affektbegrenzung ist keine Rede mehr, doch liegt dieses Postulat wohl
noch latent den Worten des ohnehin "vernünftigen" R** zugrunde: Der Anspruch auf Glückseligkeit setzt sich nicht, wie später bei Carlson und
Mariane, unreflektiert durch, sondern bedarf zunächst der Legitimation
als Vernunftgebot.

Die außerordentliche Bewährungssituation des Romans, ein Beispiel für
scheinbar extreme Affektverleugnung als Modell tugendhaften Handelns, liegt
im Zusammenleben der Gräfin mit ihrem ersten Gatten, dessen ehemaliger Ge-
liebter Caroline und ihres wieder in die Rolle eines Freundes zurückver-
wiesenen zweiten Mannes vor.

Einen ersten Hinweis auf das Motiv der Entsagung gibt der Brief Carolines, in welchem sie den Grafen von allen Verpflichtungen freispricht;[13]
das Gegenstück bildet später das Billet, mit dem R** alle Ansprüche auf-
gibt und seine sofortige Abreise ankündigt. Die Flucht wird jedoch ver-
hindert, und R** wird ein ständiger Gast im Hause des nun wieder verein-
ten Paares und Zeuge ihres Glücks. Sein Verhalten in dieser - auch nach
Eingeständnis der Erzählerin - ungewöhnlich schwierigen Lage läßt ihn,
der schon zu Anfang als aufgeklärter Denker eingeführt worden war, zum
Vorbild moralischen Handelns werden:

---

[11]Gellert: *Schwedische Gräfin*, S.39.

[12]Ebd., S.35.

[13]Vgl. ebd., S.16f.

"Er speiste oft mit uns, und seine Aufführung war so edel, als man
nur denken kann. Wenn auch ich weniger tugendhaft gewesen wäre, so
hätte mich doch sein großmütiges Bezeigen tugendhaft erhalten müssen.
Er tat gar nicht, als ob er jemals mein Mann gewesen wäre. Kein ver-
trauliches Wort, keine vertrauliche Miene durfte ihm entfahren. Wie
er vor meiner Ehe mit mir umgegangen war, so ging er itzt mit mir
um."[14]

Die hier demonstrierte Leistung erscheint umso bemerkenswerter angesichts
der Tatsache, daß die Empfindungen der Figuren eingestandenermaßen durch
die neue Konstellation nicht verändert werden:

> "Einen Mann hatte ich wiedergefunden, den ich ausnehmend liebte,
> und einen sollte ich verlassen, den ich nicht weniger liebte. Man
> muß es fühlen, wenn man wissen will, was es heißt, von zween Affekten
> zugleich bestürmt zu werden, von denen einer so groß als der andere
> ist."[15]

Nachdem die Vernunftentscheidung gefallen ist, gerät das besondere Verhältnis zu R** beinahe in Vergessenheit; erst das posthume Liebesgeständnis an prononcierter Stelle - es handelt sich um den letzten Satz des
Romans - erinnert noch einmal an das Prekäre der Figurenkonstellation:

> "Er starb bald darauf an seiner noch fortdauernden Krankheit, und
> die Betrübnis über seinen Verlust überführte mich, wie sehr ihn mein
> Herz noch geliebt hatte."[16]

Vom Schluß her gibt die Erzählung der Gräfin also noch einmal zu erkennnen,
wie gefährdet das jahrelange Zusammenleben im Grunde stets gewesen war.
Gleichwohl darf man nicht übersehen, daß die - in den Augen moderner
Leser und Kommentatoren - immer wieder als einzigartige und unnatürliche
Bewährungssituation verstandene Form des Zusammenlebens die Romanfiguren
selbst keineswegs vor unüberwindliche Schwierigkeiten stellt. Für Spaeth-
lings These beispielsweise, die Figuren stießen an dieser Stelle an die
Grenzen des mit Vernunft noch zu Bewältigenden und handelten hilflos und
verwirrt,[17] gibt es gerade im Zusammenhang mit diesem Ehe-Konflikt keine

---

[14]Ebd., S.66.

[15]Ebd., S.63.

[16]Ebd., S.153.

[17]Vgl. Robert H. Spaethling: "Die Schranken der Vernunft in Gellerts
Leben der schwedischen Gräfin von G.: Ein Beitrag zur Geistesgeschichte
der Aufklärung", in: *PMLA* 81 (1966), S.224f.: "Die im rationalen Denkprozeß
gliederbare und faßbare Welt versinkt im wortlosen Zustand (...). Gelassen-

ernstzunehmenden Indizien. Im Gegenteil: Nachdem die anfängliche Verwirrung sich gelegt hat (und wenn man von einem Versuch des Grafen absieht, die Erinnerung an die zweite Ehe noch einmal wachzurufen), wird
die Gemeinschaft nur noch als außergewöhnlich harmonische geschildert.
Da ein bigamieähnliches Dreiecksverhältnis aus moralischen Gründen notwendig ausschied, eine Lösung wie in der ersten Fassung von Goethes
Stella aus den Jahren 1775 und 1776 also überhaupt noch nicht in Betracht
kommen konnte, wäre die Zahl der möglichen Alternativen ohnehin gering
gewesen; allenfalls die Anwesenheit des zweiten Ehemannes geht über den
Rahmen des moralisch ohnehin Gebotenen hinaus. Von einer provozierenden
"Erprobung sozialer Wirklichkeit in Extremsituationen"[18] kann also wohl
kaum die Rede sein. Weder überschreitet die entworfene Lebenskonstellation
auf spürbare Weise die Grenzen des Vorstellbaren und Tragbaren (die Erzählerin sieht offenbar in der Gefahr der Tugendverletzung ein gewisses Problem, nicht aber in der Situation an sich[19]), noch bedeutet die Eindämmung
der hier potentiell bedrohlichen Affekte schon von vornherein ein moralisches Gebot. Vielmehr bekennen sich die Hauptfiguren des Romans noch
zu einem durch Vernunft legitimierten System von Verhaltensnormen, deren
Beachtung gelegentlich eine Einschränkung der - an dieser Stelle ohnehin
noch nicht sehr ausgeprägten - Empfindungen und "Leidenschaften" erfor-
dert: Affektkontrolle ist nicht selbst moralisches Gebot, aber Moralität
kann Affketkontrolle implizieren.[20]
Ein näher bestimmter ethischer Wert, der mit Affektdämpfung kaum etwas
zu tun hat und im Gegenteil eher die Kultivierung empfindsamer Gefühls-
regungen fördert, liegt in der Idee der Humanität vor. Es handelt sich

---

heit wird jetzt in einen sich ständig erweiternden Strudel von Hilflosig-
keit und Unvernunft gerissen." Daß diese Beobachtung in bezug auf die
Marianen-Episode berechtigt ist, läßt sich natürlich nicht bestreiten.

[18] Jörg-Ulrich Fechner: Nachwort zu Gellert: *Schwedische Gräfin*, S.171.
Vgl. auch eine ähnliche These bei Greiner, S.30.

[19] Vgl. Gellert: *Schwedische Gräfin*, S.66f.

[20] Auf Gellert läßt sich noch die gegen Lukács gerichtete These von Voßkamp beziehen, wonach der Roman des 17. Jahrhunderts noch "einer der theologisch garantierten Wahrheit" und Ausdruck einer gesicherten Totalität
sei (vgl. Wilhelm Voßkamp: *Romantheorie in Deutschland. Von Martin Opitz
bis Friedrich von Blanckenburg*, Stuttgart 1973, S.28); diese Wahrheitsge-
wißheit zumindest im Bereich der Moral, allerdings kaum noch theologisch,
sondern möglicherweise eher soziologisch begründet, liegt der *Schwedischen
Gräfin* noch zugrunde, doch werden Brüche bereits erkennbar. Vgl. dazu
Georg Lukács: *Die Theorie des Romans. Ein geschichtsphilosophischer Versuch über die Formen der großen Epik*, 6. Aufl., Darmstadt und Neuwied
1981 (Sammlung Luchterhand 36).

dabei allerdings noch nicht um eine versuchte Aneignung griechischer Vorbilder wie in der Klassik, sondern eher um eine ihre christlichen Wurzeln
verbergende tätige Nächstenliebe, wie sie besonders im Pietismus jener
Zeit, wenig später dann auch in philanthropischen Strömungen der Pädagogik einen hohen Stellenwert einnahm.

Beispiele für ein derart motiviertes Handeln gibt in erster Linie der
Graf selbst und macht dabei gelegentlich die Erfahrung, daß Handeln im
Geist tätiger Nächstenliebe durchaus schon auf Erden belohnt wird. So be-
richtet er beispielsweise von den Diensten, die er einem einfachen Soldaten während des Gefangenentransports erwiesen hatte; als Lohn hatte er
dadurch die Freundschaft anderer Soldaten erworben, die ihn nun ihrerseits in einer Notsituation am Leben erhielten.[21]

Zu der gleichen Kategorie von ethisch gebotenen "Werken der Guttätig-
keit"[22] gehören die Armenspeisungen, die er, wieder zu Wohlstand gekommen,
in regelmäßigen Abständen veranstaltet. Die Durchführung dieser karitativen
Unternehmung ist noch am wenigsten durch Eigennutz bestimmt, sondern zielt
auf die mögliche moralische Besserung der Empfänger von Wohltaten (zugrunde
liegt hier, wie später auch bei der La Roche, die These von der wechsel-
seitigen Bedingtheit von Armut und Unmoral). Trotzdem wird auch der Graf
gelegentlich durch die freilich triviale Variante des unmittelbaren Lohnes
zu guten Taten motiviert, so etwa, wenn er Hilfe für eine verlassene junge
Frau und ihr neugeborenes Kind bereitstellt:

> "'Nun', sprach der Graf, indem wir zurückgingen, 'dieser Spaziergang
> ist viel wert. Wie schön wird sich's in den Gedanken einschlafen
> lassen,daß wir zwoen Personen das Leben auf einmal erhalten haben!'"[23]

Vergleichbare Formen ungeschuldeter Hilfeleistungen werden besonders in
den Berichten über die Gefangenschaft in Sibirien hervorgehoben: Steeley
erfährt beispielsweise eine Linderung seiner Leiden durch die unerwartete
Hilfe eines Mitgefangenen und durch die Zuneigung eines Kosakenmädchens.[24]

Ein letztes, für die Zeit der Frühaufklärung höchst ungewöhnliches Beispiel humanen Handelns bietet die Figur des alten Juden, der als Dank für
seine Errettung den Grafen in jeder Weise unterstützt und schließlich seine

---

[21] Vgl. Gellert: *Schwedische Gräfin*, S.71f.

[22] Ebd., S.110.

[23] Ebd., S.111.

[24] Vgl. ebd., S.97ff.

Freundschaft erwirbt. In diesem wie in den eben genannten Beispielen verknüpft Gellert, wie schon zu Anfang behauptet, Moralität mit Vernunft,
die nun sogar in den Bereich der *caritas* hineinwirkt: Hilfe für andere
wird an keiner Stelle um ihrer selbst oder um religiöser Gebote willen
geleistet, sondern dient entweder der moralischen Erziehung oder der eigenen - freilich nicht unbedingt materiellen - Bereicherung. Darüberhinaus
kann sie, wie das Beispiel des Juden zeigt, jedoch auch zur aufklärerischen
Einsicht in eigene Vorurteile führen: Der Jude handelt moralisch, obwohl
man es nicht von ihm erwartet hätte, weil er behandelt wird, wie er sei-
nerseits es nicht erwarten konnte. [25] Moralisches Handeln befähigt hier
sogar zur Einsicht in seine eigene Bedingtheit.

Wie aus der Analyse als "moralisch" qualifizierter Handlungen in Gellerts Roman ersichtlich ist, bildet trotz häufiger Bekenntnisse zu tugend-
haftem Handeln kein geschlossenes moralisches System den theoretischen
Hintergrund für die Entscheidungen und Urteile der Figuren. Es handelt
sich vielmehr um popularphilosophische Vorstellungen von richtiger Lebensführung, wie sie in der ersten Hälfte des 18. Jahrhunderts an vielen Orten
diskutiert wurden und über die Moralischen Wochenschriften eine beachtliche Verbreitung erfuhren. Unbestritten ist wohl heute die These von der
sozialgeschichtlichen Bedeutung des Tugendbegriffs, mit dem sich im 18.
Jahrhundert die städtischen Mittelschichten erstmals dezidiert von dem
zunächst aus moralischen Gründen angegriffenen Adel abgrenzten. [26] Auch
wenn bei soziologischer Zuordnung von literarischen Werken stets große
Vorsicht geboten ist (zumal wenn daraus Wertkriterien abgeleitet werden),
scheint es angesichts des Stellenwertes "moralischer" Probleme in Gellerts
Roman durchaus legitim zu sein, ihn unter dem Aspekt einer zunächst nur
bewußtseinsgeschichtlichen Aufwertung der bürgerlichen Mittelschicht im
18. Jahrhundert als Votum für diese zunehmend an Einfluß gewinnende Schicht
zu werten. Gleichzeittig verlieren die Instanzen, denen traditionell die

---

[25]Vgl. ebd., S.114: "Vielleicht würden viele von diesem Volke beßre
Herzen haben, wenn wir sie nicht durch Verachtung und listige Gewalttätig-
keiten niederträchtig und betrügerisch in ihren Handlungen machten."

[26]Vgl. Reinhart Koselleck: *Kritik und Krise. Eine Studie zur Pathogenese der bürgerlichen Welt*, Frankfurt am Main 1973 (stw 36), S.8.
Zum Auseinanderfallen von individueller Moral und einer am *prudentia* -
Ideal orientierten Politik vgl. Wilfried Barner: *Barockrhetorik. Untersuchungen zu ihren geschichtlichen Grundlagen*, Tübingen 1970, S.135-150.

Kontrolle im moralischen Bereich zusteht, sichtlich an Gewicht: Von einer
theologischen oder gar kirchlichen Begründung von Handlungsnormen ist
in der *Schwedischen Gräfin* kaum noch etwas zu spüren.[27]

b) Religion

"Er brachte mir die Religion auf eine vernünftige Art bei und überführte mich von den großen Vorteilen der Tugend, welche sie uns in
jedem Stande, im Glücke und Unglücke, im Tode und nach diesem Leben
bringt (...). Ich glaube auch gewiß, daß die Religion, wenn sie uns
vernünftig und gründlich beigebracht wird, unsern Verstand ebenso
vortrefflich aufklären kann, als sie unser Herz verbessert. Und viele
Leute würden mehr Verstand zu den ordentlichen Geschäften des Berufs
und zu einer guten Lebensart haben, wenn er durch den Unterricht der
Religion wäre geschärft worden. Ich durfte meinem Vetter nichts auf
sein Wort glauben, ja er befahl mir in Dingen, die noch über meinem
Verstand waren, so lange zu zweifeln, bis ich mehr Einsicht bekommen
würde."[1]

Auf diese Weise ihre eigene Erziehung durch einen Vetter bewertend, nennt
die Gräfin schon zu Anfang des Romans die wichtigsten der Kategorien, unter
denen Fragen der Religion und Theologie im weiteren Verlauf betrachtet
werden. Bemerkenswert erscheint dabei zunächst die Beschränkung von
Religion auf Innerweltliches und eine streng protestantische Ausgrenzung
eschatologischer Fragen. Zwar erwähnt die Erzählerin noch den Nutzen der
Religion "im Tode und nach diesem Leben", doch bleibt dieser Aspekt religiöser Unterweisung an der zitierten Stelle ohne große Bedeutung. Einen
weiteren aufschlußreichen Beleg bietet die Schilderung von Marianens Tod.
Zunächst geht die Erzählerin zumindest mit einem Satz auf die Möglichkeit
einer Fortexistenz ein,[2] besorgt wohl wegen der Sünde des Selbstmordes,

---

[27] Vgl. dazu auch das Pauschalurteil über die Aufklärung – "Von Anfang an
handelt es sich in allen Stadien um eine diesseitige, introvertierte Moral"
bei Günther Müller: "Aufklärungszeitalter", in: *Literaturwissenschaftliches
Jahrbuch der Görres-Gesellschaft* 6 (1931), S.92f.

[1] Gellert: *Schwedische Gräfin*, S.6f.

[2] Ebd., S.58: "Ich dachte an Marianens Schicksal in der andern Welt."

die Mariane auf sich geladen hat. Erheblich distanzierter kommentiert sie jedoch wenig später die religiös motivierte Gelassenheit Carolines angesichts des Todes ihrer Tochter:

"Es ist gewiß, daß der Beistand der Religion in Unglücksfällen eine unglaubliche Kraft hat. Man nehme nur den Unglücklichen die Hoffnung einer bessern Welt, so sehe ich nicht, womit sie sich aufrichten sollen."[3]

Ob diese feste religiöse Überzeugung von der Erzählerin - und damit von der zentralen, die Textintention durch Eigenkommentar verdeutlichenden Figur - noch geteilt wird, bleibt ungewiß, drückt doch die hypothetische Negation der "bessern Welt" schon ein erhebliches Maß an Distanziertheit aus. Religiöse Verheißungen werden an dieser Stelle nicht unter dem Aspekt ihrer realen Erfüllung betrachtet, sondern unter dem ihrer Funktion: Glaube erleichtert das Bestehen der äußersten Bewährungssituation, des Todes. Tatsächlich behält er diese Funktion auch in den anderen Sterbeszenen des Romans (die an anderer Stelle noch zu untersuchen sind): Die Verheißung einer Weiterexistenz nach dem Tode bietet noch einen gewissen - wenn auch nicht den einzigen - Trost, doch gibt es keine personale Beziehung zwischen Mensch und Gott: Auch angesichts des Todes wird beispielsweise kein Gebet mehr gesprochen.[4]

Tugend ist der zweite Begriff, mit dem Religion in der eingangs zitierten Passage in Verbindung gebracht wird. Scheint Relgion anfangs noch eine der Tugend übergeordnete Instanz darzustellen, rücken beide Begriffe im Verlauf des Romans immer näher zusammen. Von Carlson etwa heißt es, R** habe ihm "Religion und Tugend"[5] beigebracht; wenn Carlson später beabsichtigt, Soldat zu werden, kehrt dieses Programm in den Ratschlägen wieder, die R** ihm mit auf den Weg gibt. Nachdem er einen Katalog von Tugenden aufgezählt hat - Carlson solle "unerschrocken, tapfer, strenge und doch auch weise, vorsichtig und liebreich sein"[6] -, resümiert er, es könne

---

[3] Ebd., S.59.

[4] Greiners Behauptung, die *Schwedische Gräfin* befinde sich "noch im Vorstadium der Empfindsamkeit, in dem Gefühle ungehemmt und schrankenlos nur im religiösen Bereiche, gegenüber Gott, geäußert werden können" (Greiner, S.30), entbehrt daher jeder Grundlage. Auch das Urteil von Elisabeth Kretschmer - "Die Personen finden immer Trost in der Religion, wenn jeder andere Mensch in ähnlicher Lage verzweifeln würde" - läßt sich in dieser Form nicht belegen; vgl. Elisabeth Kretschmer: *Gellert als Romanschriftsteller*, Breslau 1902 (Phil. Diss.), S.12.

[5] Gellert: *Schwedische Gräfin*, S.32.

[6] Ebd., S.33.

einem Soldaten nichts geschehen, solange er "Religion und ein gutes Gewissen"[7] besitze. In der Liste nicht nur soldatischer Tugenden erhält die Religion also eine eigene Stelle; sie ergänzt den Tugendkatalog und liefert das Fundament für "wahre Tapferkeit".[8] Religion gehört damit, ähnlich wie die Tugend, zur Kategorie der oft nicht näher entfalteten, schlagwortartig gebrauchten Oberbegriffe und wird in einigen Fällen nahezu ein Synonym von Tugend.

Neben ihrer trostspendenden Funktion und ihrer Rolle als Korrelat von Tugend im weitesten Sinne läßt sich Religion außerdem durch ihr Verhältnis zum ebenfalls sehr weiten Begriffskomplex der Vernunft definieren. Im Eingangszitat bestimmt Vernunft nicht nur den Modus der Vermittlung (Religion wird "vernünftig und gründlich beigebracht", der Zweifel erscheint als Erziehungsprinzip), sondern das Wesen der Religion selbst: Als Vernunftreligion ist sie Teil der Aufklärung.[9] Einer so gedeuteten Religion gegenüber ist das Interesse der Figuren nicht auf Glaubenslehren, sondern auf praktische Anweisungen zur Lebensführung gerichtet: Die Erzählerin glaubt, durch religiöse Unterweisung ihren Verstand für die Geschäfte des Alltags geschärft zu haben, und in dem affektbestimmten Konflikt um Carlson, Mariane und Dormund glauben die Älteren, unter Berufung auf Vernunft und Religion falsches Handeln verhindern zu können.[10]

Geht man von der Annahme aus, daß alle bedeutsamen Themen und Motive des Romans sich zwischen den Polen Rationalität und Affektherrschaft einordnen lassen, muß man die Religion, wie sie bisher beschrieben wurde, eindeutig dem Bereich des rational Bestimmten zuordnen; vom empfindsamen Pietismus als einer historisch gegebenen Alternative findet sich keine Spur.

---

[7]Ebd.

[8]Ebd.

[9]Vgl. Paul Hazard: *Die Herrschaft der Vernunft. Das europäische Denken im 18. Jahrhundert.* Aus dem Französischen übertragen von H. Wagener und K. Linnebach, Hamburg 1949, S.102 zur europäischen Diskussion über Offenbarung und Vernunft: "Es gibt nur den *vernünftigen* Glauben, und das Göttliche selbst muß auf das Vernünftige zurückführbar sein." Vgl. auch Müller, S.82-94, der in einer Auflösung des Offenbarungsglaubens die zentrale Tendenz der Aufklärung sieht. Daß dieser Aspekt den Zeitgenossen durchaus nicht verborgen war, belegt noch Kants resümierende Definition von 1784, in der er "den Hauptpunkt der Aufklärung, die des Ausganges der Menschen aus ihrer selbstverschuldeten Unmündigkeit, vorzüglich *in Religionssachen*" sieht; Kant et al.: *Was ist Aufklärung? Thesen und Definitionen,* hrsg. von Ehrhard Bahr, Stuttgart 1974 (RUB Nr. 9714), S.16.

[10]Vgl. Gellert: *Schwedische Gräfin,* S.45 und 56.

Ein völlig anderes, den tendenziell deistischen Vorstellungen entgegen-
laufendes theologisches Konzept liegt zahlreichen Äußerungen zugrunde,
in denen die Verantwortung für alles Geschehen der göttlichen *providentia*
zugeschoben wird.

Die Reihe der Belege beginnt mit Carolines gelassenem Fatalismus angesichts des Todes ihrer Tochter:

"Sie sah alles für ein Verhängnis an, dessen Ursachen sie nicht ergründen könnte. Sie tröstete sich mit der Weisheit und Güte des
Schöpfers."[11]

Neben Caroline ist es vor allem der Graf, der einem von Gott verhängten
Schicksal die Verantwortung zuweist. "Niemand ist an meinem Unglücke
schuld als das Verhängnis,"[12] kommentiert er die Entdeckung, daß seine
Gattin die Ehefrau eines anderen geworden ist, und fährt später fort:

"Es ist ein Schicksal, das wir nicht erforschen können."[13]

Obwohl das dergestalt verantwortlich gemachte Geschick theologisch verankert ist,[14] leiden die Figuren zunächst an dem Konflikt zwischen eigenen Wünschen und Notwendigkeit, ergeben sich aber schließlich ins Un-
vermeidliche.

Die Resignation einer fatalistischen Bewertung der göttlichen Vorsehung weicht erst gegen Ende einer positiven Deutung. In einer Predigt
anläßlich der Doppelhochzeit Amaliens mit Steeley und des Grafen mit seiner wiedergewonnenen Gemahlin deckt ein Geistlicher den Sinn hinter den
verschlungenen Lebenswegen und Leidensstationen der Figuren auf:

"Unsere Seele erweiterte sich durch die hohen Vorstellungen, um den
Umfang der göttlichen Ratschlüsse in Ansehung unsers Schicksals zu
übersehen, und die Empfindungen der Verwunderung und der Dankbarkeit
wuchsen mit unsern erhabnen Vorstellungen."[15]

---

[11]Ebd., S.58f.

[12]Ebd., S.63f.

[13]Ebd., S.65.

[14]Vgl. ebd., S.74: "Wir richteten uns bei unsern Klagen mit der Wahrheit auf, daß ein gütiger und weiser Gott dieses Schicksal über uns ver-
hängt hätte." Vgl. auch S.75. Zur Bedeutung des *providentia*-Glaubens in
der protestantischen Theologie seit Luther, der eine Einbettung allen Geschehens von der weltgeschichtlichen Ebene bis hin zum Einzelschicksal
in ein Vorsehungshandeln Gottes annimmt, vgl. die Hinweise bei J. Konrad:
"Vorsehung", in: *RGG*, Bd. 6, Tübingen 1962, S.1496-1499. Zur Herkunft des
christlichen *providentia*-Glaubens aus der antiken Stoa vgl. Abel, S.71.

[15]Gellert: *Schwedische Gräfin*, S.137.

Diese Verankerung des gesamten Romangeschehens in einer höheren Vernunft, einer hinter der Geschichte stehenden metaphysischen Ordnung, erschließt dem Roman eine neue Dimension, die mit den eher reduzierten Auffassungen von Theologie kaum noch zu vereinbaren ist. Diese konsequente Weiterführung des vorher nur gelegentlich sich Geltung verschaffenden *providentia*-Motivs erinnert an Leibniz' metaphorische Gleichsetzung von Romangeschehen und Weltgeschichte,[16] die hier gewissermaßen in den Raum der Erzählung zurückkehrt: Der göttliche Ratschluß lenkt die Dramaturgie der erstaunlichen Zufälle des Romans, die Erzählung weist hin auf die verantwortliche Macht hinter der Geschichte. Mit dieser Wendung weist Gellert in seinem Roman der Religion eine Bedeutung zu, die ihr in den literarischen Darstellungen der folgenden Jahrzehnte kaum noch zugesprochen wird; hier liegt einer der Anknüpfungspunkte, die das *Leben der schwedischen Gräfin von G**** noch mit dem 17. Jahrhundert (und letztlich natürlich noch mit einer viel weiter zurückreichenden Tradition) verbinden.

c) Gelassenheit

Die Darstellung der Welt als von der göttlichen *providentia* bestimmt und der menschlichen Schicksalsgestaltung weitgehend entzogen ermöglicht die Einbeziehung von Idealen in den Tugendkatalog des Romans, die noch deutlich die Signatur des 17. Jahrhunderts tragen. So bezeichnet die Gräfin sich selbst als "großmütig, gelassen und im Stillen ruhig,"[1] der Graf rühmt sie als "edel und beständig,"[2] und der "vernünftige" R** zeichnet sich durch Gelassenheit und Zufriedenheit aus.[3]

---

[16]"Ich hätte zwar wünschen mögen, daß der Roman dieser Zeiten eine beßere entknötung gehabt; aber vielleicht ist er noch nicht zum ende. Und gleichwie E. D. mit Ihrer Octavia noch nicht fertig, so kan Unser Herr Gott auch noch ein paar tomos zu seinem Roman machen, welche zulezt beßer lauten möchten. Es ist ohne dem eine von der Roman-Macher besten künsten, alles in verwirrung fallen zu laßen, und dann unverhofft herauß zu wickeln. Und niemand ahmet unsern Herrn beßer nach als ein Erfinder von einem schöhnen Roman." Gottfried Wilhelm Leibniz: Brief an Herzog Anton Ulrich von Braunschweig vom 26. April 1713, abgedruckt in: Kimpel/Wiedemann, Bd. 1, S.67f.

[1]Gellert: *Schwedische Gräfin*, S.7.

[2]Ebd., S.66.

[3]Vgl. ebd., S.23.

Als entscheidend für den Wert einer moralischen Haltung erweist sich
jedoch deren Bewährung in Extremsituationen. So beweist Caroline, hart
getroffen vom Selbstmord ihrer Tochter Mariane, daß Affektunterdrückung
durch Gelassenheit und Standhaftigkeit tatsächlich möglich ist.[4]

Welche positive Bedeutung dieser Wert besitzt, spiegelt sich auch im
Titel des Buches wider, welches R** zu schreiben beginnt und das *Der
standhafte Weise im Unglück*[5] überschrieben ist. Es könnte dies der Titel
eines der neostoizistischen Traktate des 17. Jahrhunderts sein, denn in
der Standhaftigkeit, einer Komplementärtugend der Gelassenheit, taucht
ein Verhaltensideal der Stoa wieder auf, das im 17. Jahrhundert besonders
unter dem Einfluß der Schriften des Justus Lipsius eine Renaissance er-
lebte und beispielsweise im deutschen Barockdrama erhebliche Bedeutung
besitzt. Daß stoizistisches Gedankengut aber in den vierziger Jahren des
18. Jahrhunderts auch außerhalb der *Schwedischen Gräfin* weiterlebte, belegt Brüggemanns Anthologie[6] mit einer Fülle von Gedichten unter der Rub-
rik "Zeugnisse bürgerlicher Gelassenheit"; darunter fallen auch Gellerts
Verserzählung: *Calliste*, die exemplarische Gelassenheit angesichts eines
schmerzhaften Todes demonstriert, aber auch Erzählungen wie *Epiktet* mit
den skeptisch-ironischen Schlußversen:

"Und willst du stets zufrieden sein,

So bilde dir erhaben ein,

Lust sei nicht Lust, und Pein nicht Pein.

Allein, sprichst du, wenn ich das Gegenteil empfinde,

Wie kann ich dieser Meinung sein?

Das weiß ich selber nicht; indessen klingts doch fein,

Trotz der Natur sich stets gelassen sein."[7]

Die unernste Distanz, die aus diesen Versen spricht, entwertet dabei natürlich die Tugendkonzeption des Romans in keiner Weise, macht aber zweierlei sichtbar: Zum einen, daß stoisches Gedankengut in den vierziger Jahren

---

[4] Vgl. ebd., S.58f.

[5] Ebd., S.59.

[6] Fritz Brüggemann (Hrsg.): *Die bürgerliche Gemeinschaftskultur der
vierziger Jahre. Erster Teil: Lyrik und Roman*, Leipzig 1933 (Deutsche
Literatur ... in Entwicklungsreihen. Reihe Aufklärung, Bd. 5).

[7] Ebd., S.71.

keinen so hohen Verbindlichkeitsgrad mehr besitzt und Satire durchaus möglich ist; zum anderen führt der Vergleich vor Augen, wie trügerisch es sein kann, Gellerts eigene Position mit der Haltung der Gräfin zu identifizieren, Werk und Biographie zu vermischen.

Im *Leben der schwedischen Gräfin von G**** tragen Gelassenheits- und *constantia*-Ideal dazu bei, die Figuren in ihrer quietistischen Schicksalsergebenheit zu bestärken.[8] Die Erzählerin erkennt das menschliche "Unvermögen, sich selber glücklich zu machen,"[9] und in russischer Gefangenschaft wehren sich Steeley und der Graf zwar zunächst gegen ein gelassenes Erdulden des Schicksals, doch lehrt sie die Einsicht in "die Unmöglichkeit, sich selbst zu helfen,"[10] schließlich doch, sich der Führung der Vorsehung schweigend zu überlassen. Es ist dies die einzige Stelle, an der die Protagonisten selbst das Gelassenheitsideal in Frage stellen, doch erscheint ihnen dieses Aufbegehren am Ende nur durch eine Trübung des Verstandes erklärlich zu sein: Das *constantia*-Ideal läßt sich aus dem Vernunftgebot ableiten.

Brüggemanns These, die *Schwedische Gräfin* sei die "klassische Darstellung der bürgerlichen Welt- und Lebensanschauung der vorsubjektivistischen Zeit, in seiner Art ein Weltanschauungsroman so gut wie der 'Werther', nur einer Weltanschauung, die nicht mehr die unsere ist,"[11] erwähnt zwar nicht die stoizistischen Wurzeln dieser Weltanschauung und übersieht möglicherweise gegenläufige Tendenzen, charakterisiert aber sehr genau die Stellung der im Roman immer wieder beschworenen Weltsicht: Sie liegt jenseits einer Grenze, auf deren anderer Seite etwa die Ideale des Sturm und Drang stehen, die letztlich auch nicht vom geschichtlichen Phänomen der Aufklärung zu trennen sind.

In dem oben charakterisierten Verhaltenskodex der Frühaufklärung liegt demnach eine der Brücken vor, die weit ins voraufgehende Jahrhundert zurückreichen; mit den Ansätzen zur Empfindsamkeit, die den Roman ebenfalls

---

[8]Trotz der großen Bedeutung, die "ein duldendes Verhalten zu jeglicher Schickung" in der *Schwedischen Gräfin* besitzt, erscheint es doch fraglich, ob man, wie Kurt May vorschlägt, hierin schon das zentrale didaktische Programm des Romans sehen darf. Vgl. Kurt May: *Das Weltbild in Gellerts Dichtung*,Frankfurt am Main 1928, S.50.

[9]
Gellert: *Schwedische Gräfin*, S.109.

[10]Ebd., S.74f.

[11]Fritz Brüggemann: "Der Kampf um die bürgerliche Welt- und Lebensanschauung in der deutschen Literatur des 18. Jahrhunderts", in: *DVjs* 3 (1925), S.102.

prägen, ist das vertretene Lebensideal dabei streng genommen nicht mehr
zu vereinbaren: Die *Schwedische Gräfin* propagiert Relikte eines Stoizismus, den die Erzählung selbst ständig durchbricht und negiert.

d) Erziehung

Die Überzeugung, daß der Mensch durch Erziehung wesentlich zu beeinflussen
ist, setzt nicht nur ein hohes Maß an Vertrauen in die Möglichkeiten rational geplanten didaktischen Handelns voraus, sondern unterstellt, daß jeder
zu Erziehende prinzipiell über die gleiche Vernunft verfügt wie der Leh-
rende.dieses der Aufklärung zugrundeliegende Vertrauen in die allgemeine
Vernunft läßt es verständlich erscheinen, daß das Zeitalter der Aufklärung
erhebliche Reformen in Theorie und Praxis der Pädagogik mit sich brachte.[1]
Angesichts der Bedeutung, die pädagogischen Fragestellungen im historischen Kontext zukommt, liegt es nahe, Gellerts *Leben der schwedischen
Gräfin von G**** unter diesem Aspekt zu untersuchen, wobei gerade in bezug
auf diesen Fragenkomplex der Modell- und Entwurfcharakter des Romans zu
beachten ist; kulturhistorische Rückschlüsse, die literarische Darstellung mit zeitgenössischer Alltagswirklichkeit gleichsetzen, sind hier nur
bedingt möglich.
Im ersten Teil der *Schwedischen Gräfin* werden zwei Erziehungsmodelle
skizziert, die nach Einschätzung der Erzählerin Vorbildcharakter besitzen.
Im Rückblick auf die eigene Kindheit und Jugend entwirft sie zunächst
das Bild einer musterhaften weiblichen Erziehung als einer Erziehung zu
Vernunft und Tugend im dargestellten Sinne. Eine Bildung unter diesen
Prämissen zielt auf eine - allerdings von vornherein genau begrenzte[2] -
intellektuelle und charakterliche Entwicklung, wobei die Einwirkung des
Erziehers sich auf Erweiterung und Ergänzung schon vorhandener Anlagen beschränkt; der zur Moralität erziehbare Mensch ist schon vorher im Grunde
gut:

---

[1] Vgl. Herwig Blankertz: *Die Geschichte der Pädagogik. Von der Aufklärung bis zur Gegenwart*, Wetzlar 1982, S.21-87.

[2] Vgl. Gellert: *Schwedische Gräfin*, S.5: "'Das Fräulein lernt gewiß
nicht zuviel. Sie soll nur klug und gar nicht gelehrt werden.'"

"Ich hatte von Natur ein gutes Herz, und er /¯der Erzieher_7 durfte
also nicht sowohl wider meine Neigungen streiten, als sie nur ermun-
tern. Er lieh mir seinen Verstand, mein Herz recht in Ordnung zu
bringen."[3]

Eine ähnliche Auffassung von der rein formalen, die natürliche Entwicklung
unterstützenden Funktion von Erziehung äußert die Erzählerin später erneut,
wenn sie von ihren eigenen Bemühungen um die junge Florentine spricht:

"Wenn ich gestehe, daß sie außerordentlich viel Geschicklichkeit be-
saß, so will ich nicht sagen, daß ich sie ihr beigebracht, sondern
ihr nur zur Gelegenheit gedient habe, sich solche zu erwerben."[4]

Handwerkliche Fähigkeiten oder Kenntnisse der Haushaltsführung spielen
wohl wegen des adeligen Standes der Protagonisten keine Rolle; Erziehungs-
ziel ist vilemehr die Aneignung moralischen Verhaltens im weiteren Sinne
und die Erlangung einer angemessenen Konversationsfähigkeit; funktional
erscheint dieses Ziel zumindest insofern, als es sowohl im Falle der Erzählerin als auch bei Florentine eingestandenermaßen die Heiratschancen verbessert.[5]

Die wenigen Andeutungen, welche über die Erziehung des Grafen Aus-
kunft geben, reichen nicht aus, um ein differenziertes Bild einer ge-
schlechtsspezifischen Erziehung entstehen zu lassen. Die Hinweise des
alten Grafen auf den Umgang mit seinem Sohn kennzeichnen das Vater-Sohn-
Verhältnis immerhin als bemerkenswert und unkonventionell und lassen Ansätze zu einer Erziehungsutopie erkennen; so habe es zwischen beiden nie
einen Rangunterschied, sondern eine freundschaftliche Gemeinschaft auf
der Basis der Vernunft gegeben.[6]

Schon an dieser Stelle kündigt sich an , was im Verlauf der Erzählung
vielfach wiederholt und bestätigt wird: Dem Erziehungsoptimismus des Romans
zum Trotz treten die Protagonisten nicht wirklich in ihren Rollen als
Kinder in Erscheinung; im kommentierten Rückblick auf die eigene Jugend

---

[3]Ebd., S.6.

[4]Ebd., S.60.

[5]Vgl. ebd., S.5 über die Erzählerin: "'Reich ist sie nicht, also wird
sie niemand als ein vernünftiger Mann nehmen.'" Über Florentine: "Ihre
guten Eigenschaften machten sie zur Frau eines Mannes, der in Holland
eine der höchsten Ehrenstellen bekleidet." Ebd., S.61.

[6]Vgl. ebd., S.14f.

präsentieren sie sich vielmehr als vernunftbegabte Objekte der Erziehung, von ihren Erziehern nur durch geringfügige, rasch behobene intellektuelle Defizite unterschieden.

Die anderen Kinder des Romans werden keiner vergleichbaren Darstellung im Hinblick auf ihre Erziehung gewürdigt und können auch, ihres geringen Alters in den geschilderten Situationen wegen, kaum die Rolle vernünftiger Partner einnehmen. In diesem noch unreifen Entwicklungsstadium sind sie in Gellerts Roman ohne jede Bedeutung und verschwinden unter der Fülle von Figuren.

Carlson bildet hier die einzige Ausnahme. Mehrfach wird er als Kind erwähnt, zunächst nur, als er der Gräfin die wahre Identität Carolines enthüllt, dann in Holland als Schüler des pädagogisch engagierten R**. Daß ausgerechnet Carlson, der vorbildlich Erzogene, schließlich unter dem Einfluß Marianens die erlernten strengen Maximen den Affekten opfert und in seiner Person die gegenläufigen Tendenzen verkörpert, demonstriert dabei besonders deutlich die Grenzen des Vertrauens in die Möglichkeit von Erziehung, damit aber auch die Brüchigkeit des strikten Neostoizismus.

Die anderen Kinder aber werden aus der Romanwelt, die eine Welt handlungsfähiger Erwachsener ist, hinausgedrängt. Von Florentine, der Tochter der Amsterdamer Wirtsleute, heißt es am Ende einer bemerkenswert umfangreichen Passage über ihre Erziehung, es werde von ihr in Zukunft noch die Rede sein;[7] damit ist sie, nachdem sie zuvor ohnehin nur ein einziges Mal eingeführt worden war,[8] endgültig aus dem Roman verschwunden. Über andere Kinder wird beinahe wie über Gegenstände verfügt: Man gibt sie in fremde Hände wie Mariane, die als Kind in ein Kloster gebracht wird, oder wie das neugeborene Kind der verlassenen jungen Mutter, das man wie selbstverständlich von der Mutter trennt und zur Erziehung ins Dorf gibt.[9] Andere Kinder werden nach der Erwähnung ihrer Geburt sofort vergessen: So bleibt das Schicksal der Tochter, die Mariane mit dem eigenen Bruder gezeugt hat, völlig ungewiß, und selbst die Tochter der an Erziehungsfragen doch offenkundig interessierten Gräfin tritt nur einmal auf, um dem Grafen nach seiner Rückkehr aus Rußland die erneute Heirat seiner Gattin vor Augen zu führen. Bezeichnend für die Gleichgültigkeit gegenüber Kindern wirkt

---

[7]Vgl. ebd., S.61:"Doch ich will von unserer Florentine ein andermal reden."

[8]Vgl. ebd., S.32.

[9]Vgl. ebd., S.112.

in dieser Szene der Brief, in dem R** seinen Freund bittet, die zweite
Ehe als aufgelöst zu betrachten, wobei er sogar die eigene Tochter ver-
leugnet:

"Entfernen Sie das Kind, das Ihnen diesen Brief bringt, damit Sie
das traurige Merkmal Ihres Unglücks nicht vor den Augen haben dürfen."[10]

R** kehrt nach der schriftlichen Entsagung dann doch zurück; das Schicksal der Tochter bleibt unerwähnt.

Während die Entwicklungsstufe der Kindheit trotz der aufklärerischen
Tendenz des Romans keine Rolle spielt (und der Roman spiegelt hier wenn
auch nicht mehr die pädagogische Theorie der Zeit, so doch die zeitgenössische Praxis höherer Stände im Umgang mit Kindern wider),[11] gilt die Bildung von Erwachsenen noch durchaus als lohnende Aufgabe. Vorgeführt wird
nicht nur die Aneignung neuer Fertigkeiten (die Gefangenen in Moskau er-
lernen die russische Sprache, Steeley wird von seinem Freund in Statik
und Zeichenkunst unterrichtet), sondern auch die Ausbildung oder Umprä-
gung kognitiver und emotionaler Eigenschaften. Auf dem Transport nach
Sibirien beispielsweise wird der Graf von seinem Freund getrennt; Remour,
ein französischer Major, dessen Anlagen freilich nicht grundverschieden
von denen Steeleys sind, kann die Position des Freundes nach kurzer Zeit
übernehmen (und stirbt dann rechtzeitig vor der Rückkehr des ersten Freundes):

"Ich bildete ihn auf unserm elenden und beschwerlichen Wege so, wie
ich ihn haben wollte und wie er sein mußte, wenn er mir Steeleys
Verlust einigermaßen ersetzen sollte."[12]

Einen erstaunlichen pädagogischen Erfolg zeitigen Steeleys eigene Bemühungen um das Kosakenmädchen in Sibirien; sie illustrieren den Aufklä-
rungsglauben an die Universalität von Vernunft und an die beinahe unbe-
grenzten menschlichen Entwicklungsmöglichkeiten:

---

[10]Ebd., S.65.

[11]Zu einem ähnlichen Ergebnis auch im Bereich des Trivialromans im
18. Jahrhundert kommt Marianne Thalmann: *Der Trivialroman des 18. Jahrhunderts und der romantische Roman. Ein Beitrag zur Entwicklungsgeschichte
der Geheimbundmystik*, Berlin 1923, S.55f.

[12]Gellert: *Schwedische Gräfin*, S.86.

"Da Steeley das vortreffliche Herz seiner Schönen wahrgenommen, so
hat er sich alle Mühe gegeben, sie zu bilden und ihre edeln Empfindungen von den rauhen Eindrückungen ihrer Erziehung zu reinigen. Sie
hat, durch die Liebe ermuntert, im kurzen seine Meinungen und seine
Sitten angenommen und so viel Verstand bekommen, daß er sich keine
Gewalt mehr hat antun dürfen, ihr gewogen zu sein."[13]

Ein derartiger Erziehungsoptimismus, wie er im *Leben der schwedischen
Gräfin von G*** entfaltet wird und sich als begründet erweist, enthält
damit natürlich auch poetologische Implikationen, auf die an anderer Stelle
näher einzugehen sein wird: Der Glaube an die unproblematische Formbarkeit
und Belehrbarkeit eines jeden vernunftbegabten Menschen eröffnet gerade
auch der Literatur die Möglichkeit didaktischen Wirkens; zumindest eine
Prämisse des aufklärerisch-didaktischen Literaturverständnisses wäre somit
im Roman selbst thematisiert.

e) Das Ideal des Gebildeten

Die Moralische Wochenschrift *Der Patriot* entwirft in ihrer Ausgabe vom
24. Februar 1724 ein Bildungsprogramm für Frauen des bürgerlichen Standes.
Neben der Ausbildung in Haushaltsführung, Handarbeit, Zeichnen, Schreiben
und Rechnen widmet sie der literarischen Bildung, deren Zweck in einer
Erziehung zur Vernunft und Konversationsfähigkeit bestehe, besondere Auf-
merksamkeit: Jede Frau solle sich eine kleine deutsch-französische Bibliothek zulegen, "durch deren vernünfftigen Gebrauch sie nunmehro im Stande
ist, von allerhand Sachen verständig zu reden, und einen jeden auf eine
angenehme Art zu unterhalten."[1]

Was in der Wochenschrift von 1724 noch als Desiderat erscheint, ist
1747 bei Gellert im literarischen Modell der *Schwedischen Gräfin* schon
vollständig realisiert. Die Protagonisten des Romans einschließlich der

---

[13]Ebd., S.99.

[1]*Der Patriot* nach der Originalausgabe Hamburg 1724-26 in drei Textbänden
und einem Kommentarband kritisch herausgegeben von Wolfgang Martens. Bd.1,
Berlin 1969, S.61. Das beigefügte Titel-Verzeichnis einer Modell-Bibliothek
enthält tatsächlich sehr wenige Bücher "Zur Haushaltung", wohingegen die
Rubriken "Zur Andacht und Erbauung", "Zur Wissenschaft und Belustigung"
und "Zur Klugheit zu leben" eine weitaus größere Zahl von Titeln umfassen
(vgl. ebd., S.67f.). Vgl. auch ähnliche, von Bodmer und Breitinger er-
stellte Frauen-Bibliotheken in den *Discoursen der Mahlern* und in deren
Neuauflage als *Der Mahler der Sitten*, abgedruckt in: Johann Jakob Bodmer

Erzählerin selbst treten als literarisch gebildete Leser auf:[2]

"Der Büchersaal ward mir in kurzer Zeit an der Seite meines Gemahls
der angenehmste Ort. Er las mir aus vielen Büchern, die teils historisch, teils witzig, teils moralisch waren, die schönsten Stellen
vor, und brachte mir seinen guten Geschmack unvermerkt bei. Und ob
ich's gleich nicht allemal sagen konnte, warum eine Sache schön oder
nicht schön war, so war doch meine Empfindung so getreu, daß sie mich
selten betrog."[3]

Zweierlei erscheint an der geschilderten Lesehaltung besonders bemerkenswert zu sein, da es das Romangeschehen in diesem Bereich weitgehend
als eine Spiegelung realgeschichtlicher Entwicklungen ausweist: Die ange-
deutete Lesepraxis, nämlich die Lektüre einer großen Zahl von "schönen
Stellen", widerspricht der alten Praxis der intensiven Lektüre einiger
weniger Bücher (meistens waren es die Bibel und später noch moralisierende
Erbauungsschriften), einer Praxis, die erst im Verlauf des 18. Jahrhunderts
durch eine extensive Lektüre nun großenteils profaner Schriften abgelöst
wurde.[4] Indem er ein an keiner Stelle angefochtenes Bildungsideal mittels
eines zur Zeit der Entstehung der *Schwedischen Gräfin* sich erst entwickeln-
den modernen Lesestils definiert, legitimiert er eine Lesetechnik, die
langfristig gesehen nicht nur die traditionelle Form intensiven Bibelstu-
diums, sondern auch die hergebrachte intensive Aneignung von Gelesenem,
letztlich also die didaktische Literaturkonzeption schlechthin beseitigen
sollte. Der Roman entwirft hier in seinen als Vorbilder nie angefochtenen

---

und Johann Jakob Breitinger: *Schriften zur Literatur,* hrsg. von Volker
Meid, Stuttgart 1980 (RUB Nr. 9953), S.18f., 26ff.

[2]Wolfgang Martens weist in einem Aufsatz "Lektüre bei Gellert", in:
Festschrift für Richard Alewyn, hrsg. von Herbert Singer und Benno von
Wiese, Köln und Graz 1967, S.123-150 auf dieses Phänomen hin: "Es dürfte
schwerfallen, Dichtungen vor dem Auftreten Gellerts nachzuweisen, in denen
auf das Lesen der einzelnen Figuren ein ähnlich großes Gewicht gelegt
wäre" (S.130).

[3]Gellert: *Schwedische Gräfin,* S.18f.

[4]Zur Entwicklung des Leseverhaltens im 18. Jahrhundert vgl. Rolf Engelsing: *Analphabetentum und Lektüre. Zur Sozialgeschichte des Lesens in
Deutschland zwischen feudaler und industrieller Gesellschaft,* Stuttgart
1973. Über die veränderte Lesetechnik und die Rolle der Frau in der neu
entstehenden Lesegesellschaft vgl. Rolf Engelsing: *Der Bürger als Leser.
Lesergeschichte in Deutschland 1500 - 1800,* Stuttgart 1974, besonders
S.180-183, 216, 300-310. Vgl. auch die Ausführung über die weitgehend noch
dem alten Muster folgende Rezeption des *Werther* bei Georg Jäger: *Empfindsam
keit und Roman. Wortgeschichte, Theorie und Kritik im 18. und frühen 19.
Jahrhundert, Stuttgart 1969, S.93-103.*

Protagonisten Ansätze zu einer Rezeptionsform, die, historisch gesehen,
der aufklärerisch-didaktischen Literaturtheorie den Boden entzieht.

Daß diese aufklärerische Theorie aber zumindest latent vorhanden ist,
beweist der von der Gräfin explizit eingeführte Geschmacks-Begriff. Von
ihr umschrieben   als richtiges, wenngleich nicht rein intellektuelles
Erfassen eines objektiv Schönen, entspricht er genau der streng rationalistischen Konzeption Gottscheds.[5] Dennoch ginge es zu weit, an dieser Stelle
von einer widersprüchlichen Konzeption zu sprechen; im Denken der Figuren,
die auch in bezug auf ihre kulturelle Bildung Vorbildfunktion besitzen,
spiegeln sich lediglich die Widersprüche einer Zeit, die in mehrfacher
Hinsicht die Zeichen einer Übergangsperiode trägt. Das *Leben der schwedischen Gräfin von G**** registriert und dokumentiert zwar den Übergangs-
charakter der eigenen Gegenwart, ohne aber in jedem Fall eine klare eigene
Position zu entwerfen.

Belesenheit und Geschmack als Ideale gelten im Roman natürlich nicht
für den Grafen unddie Erzählerin allein; auch von Caroline heißt es, sie
besitze eine große Zahl französischer und schwedischer Bücher und "guten
Geschmack" (den sie nach Ansicht der Erzählerin dem Einfluß des Grafen
verdankt - auch dies ein Beleg für erfolgreiche Formung und Erziehung eines
Erwachsenen).[6]

R** schließlich wird nicht nur als Leser und Denker,[7] sondern auch als
Autor eines Traktats vorgestellt; schon zu Anfang als philosophischer Kopf
mit pädagogischen Neigungen eingeführt, verkörpert er wohl am reinsten
den Typus des im Geiste der Aufklärung Gebildeten.

In Frage gestellt wird das europäisch-aufklärerische Bildungsideal durch
ein Motiv, das in der Literatur des 17. und 18. Jahrhunderts lange vor

---

[5]Vgl. das vierte Kapitel in Gottscheds *Versuch einer Critischen Dichtkunst vor die Deutschen*: Der gute Geschmack wird dort definiert als "der
von der Schönheit eines Dinges nach der bloßen Empfindung richtig ur-
teilende Verstand, in Sachen, davon man kein deutliches und gründliches
Erkenntnis hat." Abgedruckt in: Johann Christoph Gottsched: *Schriften zur
Literatur*, hrsg. von Horst Steinmetz, Stuttgart 1972 (RUB Nr.9361), S.63.
Vgl. auch Bruno Markwardt: *Geschichte der deutschen Poetik*, Bd. 2, Berlin
1956, S.38-61.

[6]Gellert: *Schwedische Gräfin*, S.29.

[7]Vgl. ebd., S.38: "Wir konnten uns beide mit dem edelsten Zeitver-
treibe, mit Lesen und Denken unterhalten."

Rousseau der abendländischen Zivilisation als Gegenentwurf vorgehalten
wurde. Es handelt sich um die Figur des "edlen Wilden", bei Gellert repräsentiert durch das Kosakenmädchen, das in Sibirien die Freundschaft
Steeleys sucht.[8] Das Motiv, in der Tradition häufig mit kulturkritischer
Intention gebraucht, verändert bei Gellert seine Zielrichtung: Der Englän-
der Steeley bleibt weiterhin der Vorbildliche und Überlegene, nur erweist
sich, daß es - als Ausnahme - "auch unter dem wildesten Volke noch edle
und empfindliche Herzen gibt."[9] All ihren guten Anlagen zum Trotz (sie
zeigt Mitleid und Hilfsbereitschaft) muß die Kosakin sich allerdings noch
einem Erziehungsprozeß unterziehen, bis sie Steeleys "Meinungen und seine
Sitten angenommen und so viel Verstand bekommen /¯hat¯7, daß er sich keine
Gewalt mehr hat antun dürfen, ihr gewogen zu sein."[10]

Das Erziehungsideal des Romans, gekennzeichnet durch Vernunft, Moralität.
Eloquenz, und literarische Bildung, wird demnach durch das Kontrastmotiv
der "edlen Wilden" lediglich bestätigt; da die zentralen Figuren des Romans
unangefochtene Leitbild-Funktion besitzen, besteht ohnehin keine Möglichkeit mehr zu einem positiven Gegenentwurf.

f) Vernünftiges Sterben

Wie fest das Programm rationaler Lebensbewältigung wirklich verankert
ist, erweist sich nicht in verbalen Bekenntnissen, sondern in der rationalen Beherrschung noch der außerordentlichen Bewährungssituationen. Die
schwierigste Bewährungssituation besteht in Gellerts Roman in der Konfron-
tation mit dem eigenen Tod. Zehn der im Romangeschehen eine Rolle spielen-
den Figuren sterben im Verlauf der erzählten Zeit, und in mehreren Fällen
notiert die Erzählerin nicht nur das Faktum des Todes, sondern gestaltet
das Sterben selbst als exemplarische Szene vernünftigen und beherrschten
Abschiednehmens.

---

[8]Zur Figur des edlen Wilden vgl. Kurt-Ingo Flessau: *Der moralische Roman.*
Studien zur gesellschaftskritischen Trivialliteratur der Goethezeit, Köln
und Graz 1968, S.100-111. Zur Geschichte des Motivs vgl. Elisabeth Frenzel:
Motive der Weltliteratur, 2. verbesserte Aufl., Stuttgart 1980, S.793-807,
und den Artikel zum "Inkle und Yariko"-Stoff bei Elisabeth Frenzel: *Stoffe
der Weltliteratur*, 4. überarb. Aufl., Stuttgart 1976, S.335-338.

[9]Gellert: *Schwedische Gräfin*, S.97.

[10]Ebd., S.99.

Die erste derart ausgestaltete Sterbeszene gilt dem alten Grafen, der
kurze Zeit nach der Hochzeit seines Sohnes mit der Erzählerin auf muster-
gültige Weise aus dem Leben scheidet. Die Ankündigung seines Todes begleitet der Hinweis auf den beispielhaften, auch didaktischen Charakter des
zu erzählenden Geschehens:

"Gott, wie lehrreich war das Ende dieses Mannes!"[1]

Auf die gleiche Weise faßt der alte Graf die Gewißheit des nahen Todes
auf:

"Also habe ich nur noch drei Tage von dem Leben zuzubringen, von dem
ich meinem Schöpfer Rechenschaft geben soll? Ich werde sie nicht besser anwenden können, als wenn ich durch meine Freudigkeit den Meini-
gen ein Beispiel gebe, wie leicht und glückselig man stirbt, wenn
man vernünftig und tugendhaft gelebt hat."[2]

Schon hier wird deutlich, welcher Variante der *ars moriendi* - der seit
dem Spätmittelalter in schriftlicher Form tradierten "Kunst des Sterbens" -
der Graf sich verbunden weiß: Auf der Basis der sicheren Verankerung im
christlichen Jenseitsglauben bezieht er doch schon einen Teil seiner Gewißheit aus der rechten Lebensführung und bekennt sich somit zu einer *ars
moriendi* als Teil der Lebenskunst, die zumindest nicht mehr im Zentrum
christlicher Heilsgewißheit angesiedelt ist, sondern im 18. Jahrhundert
durchaus schon im Kontext materialistischer Vorstellungen auftreten kann.[3]
Die Gefaßtheit und Sicherheit des Sterbenden erstreckt sich nicht nur auf
das sichere Wissen um den nahenden Tod (ein Motiv, das in einigen der folgenden Sterbeszenen wiederholt wird; es handelt sich jedoch nicht um beispielhafte aufklärerische Gewißheit, sondern um die bis ins Spätmittelalter zurückreichende Vorstellung vom Sich-Ankündigen des Todes[4]); charakteristisch wirkt auch das Fehlen jeglicher Ungewißheit und Unsicherheit.
Dadurch wird es dem Grafen möglich, bis zum Moment des Todes das Sterben

---

[1] Gellert: *Schwedische Gräfin*, S.19.

[2] Ebd.

[3] Vgl. dazu auch Jacques Choron: *Der Tod im abendländischen Denken*. Aus
dem Englischen von Renate und Klaus Birkenhauer, Stuttgart 1967, S.140.

[4] Die Möglichkeit des Wissens um die eigene Sterbestunde bildete vom
Mittelalter bis ins 18. Jahrhundert hinein einen festen Bestandteil des
europäischen Volksglaubens mit zahlreichen literarischen wie außerliterarischen Belegen; der plötzliche, unerwartete Tod galt im Mittelalter als
häßliche und beschämende Ausnahme. Vgl. dazu Philippe Ariès: *Geschichte
des Todes*. Aus dem Französischen von Hans-Horst Henschen und Una Pfau,
München und Wien 1980, S.13-23.

als ein festes, einem geplanten Ablauf folgendes Ritual zu gestalten: Er
versammelt zunächst die Bediensteten, dann schließlich das ganze Dorf um
sich, um Abschied zu nehmen. Nach einer letzten Mahlzeit erholt er sich
durch einen dreistündigen Schlaf, ordnet seine Papiere und spricht ein
kurzes Gebet; er stirbt in Anwesenheit des Sohnes und der Schwiegertochter,
der er zuletzt noch Ratschläge zur Kindererziehung erteilt hatte. Das
Sterben erhält in dieser Ritualisierung eine didaktische Funktion: Es
demonstriert und beweist, daß die propagierten Ideale der Standhaftigkeit
und Gelassenheit bei vernunftbestimmter Lebensführung bis zuletzt wirksam
sein können. Erleichtert wird diese - darin eben doch nicht rein aufklä-
rerisch-kritische - Haltung durch die metaphysische Sicherheit und die
Einordnung des Individuums in den vorrangigen Gemeinschaftszusammenhang:
Der Tod ist eine öffentliche Angelegenheit, und der Sterbende ist bis zuletzt um das Wohl der Weiterlebenden und um Weitergabe seiner Kenntnisse
bemüht.

Wenn man von dem Modellcharakter der geschilderten Szene und den demon-
strativen Hinweisen auf Vernunft, Tugend und Standhaftigkeit absieht, enthält die Passage natürlich auch gängige zeitgenössische Auffassungen und
Praktiken, die man nicht der Gellert'schen Vernunftutopie zurechnen darf:
Der einsame, weltverachtende Tod der klassischen *ars moriendi* des 15. und
16. Jahrhunderts ist einer öffentlichen Teilnahme gewichen, wie sie im
18. Jahrhundert und darüberhinaus das Ritual des Sterbens prägte;[5] wenn
bei Gellert die Sorge für die Gemeinschaft Vorrang vor dem individuellen
Tod erhält, so stellt das lediglich eine idealtypische Ausformung der
gängigen Praxis dar. Im übrigen sei daran erinnert, daß die Schilderung
von Sterbeszenen aus pietistisch-didaktischer Absicht eine nicht ganz un-
bekannte literarische Gattung der Zeit darstellt; verbreitet war die Sammlung
der sogenannten *Letzten Stunden* des Grafen Henckel, der in seiner Vorrede
ausdrücklich auf den Nutzen solcher Lektüre hinweist; Gellert war in dieser
Hinsicht also nicht ohne literarische Vorläufer.[6]

---

[5] Zur Öffentlichkeit des Todes im 18. Jahrhundert vgl. Ariès, S.26-30;
die traditionelle *ars moriendi* wird beschrieben bei Rainer Rudolf: *Ars
moriendi. Von der Kunst des heilsamen Lebens und Sterbens*, Köln und Graz
1957, S.56-112.

[6] Vgl. die Hinweise auf "geistliche Erbauung" und "Exempel (...) zur
Nachricht und Erweckung für andere" in der Vorrede zu Erdmann Heinrich
Graf Henckel: *Die letzten Stunden einiger Der Evangelischen Lehre zu-
gethanen (...) Personen*, 3. Aufl., Bd. 1, Halle 1732 /¯?_7.

Eine Bestätigung dessen, was die Todesvorbereitungen des alten Grafen
an didaktischem Gehalt implizierten, bietet überraschend der Abschiedsbrief Carlsons. Carlson, zunächst dargestellt als der Prototyp des affekt-
beherrschten, moralwidrig handelnden Menschen, stellt die Gruppe der Hauptfiguren vor Probleme, in denen ihnen der Tod als vernünftige, durchaus
zweckmäßige Lösung erscheint:

"Wenn wir an seine Ehe dachten, so war uns sein Tod eine erwünschte
Nachricht. Denn wer konnte die gefährliche Sache besser schlichten
als der Tod?"[7]

Dieser einen Leser des 20. Jahrhunderts zunächst zynisch anmutende Wunsch
verliert vor der durch Theologie und aufgeklärte Vernunft doppelt gesicherten Ordnung der Romanwelt seinen scheinbar menschenverachtenden
Charakter: Es ist für die Figuren nicht nur nötig, dem Phänomen des Todes
rational zu begegnen, sondern man muß zuvor – und darin liegt im Grunde
die Bedingung der Möglichkeit einer gelassenen Bewältigung – seine Zweck-
mäßigkeit im Rahmen einer größeren Ordnung akzeptieren. Vor diesem Hintergrund erscheint Carlsons Tod tatsächlich als zweckmäßige und notwendige
Konfliktlösung und wird von diesem auch willig anerkannt:

"Gott, wieviel anders denken wir auf dem Todbette als in unserm Leben!
Was sieht nicht unsere Vernunft, wieviel sieht sie nicht, wenn unsere
Leidenschaften stille und entkräftet sind! Ja, ja, ich sterbe, ich
sterbe getrost."[8]

Zur gleichen Kategorie gehört die dem Tod des alten Grafen nachgestaltete
Szene, die den Tod von Steeleys Vater zum Gegenstand hat. Der plötzlichen
Todesgewißheit geht ein Gespräch über Todesfurcht voraus, das dem Alten
Gelegenheit gibt, seine *ars moriendi* zu entfalten: Auch er bezieht seine
Sicherheit aus einer festen religiösen Überzeugung und dem Bewußtsein,
sein Leben stets in Übereinstimmung mit den Tugendgeboten geführt zu
haben, so daß der Tod ihn jederzeit vorbereitet antreffen würde.[9] Die
Sterbeszene selbst ist kürzer als die zuerst genannte und betont das wieder
aufgegriffene Motiv des Wissens um den Zeitpunkt des Todes und eine ebenfalls beispielhafte souveräne Gelassenheit; der dermaßen vernünftig ge-
plante und erwartete Tod erweist sich dann auch als keineswegs unangenehm

---

[7]Gellert: *Schwedische Gräfin*, S.50.

[8]Ebd., S.52.

[9]Vgl. ebd., S.143f.

und ereilt ihn bei den Worten "sonst ist mir recht wohl."[10]

Auch Randfiguren illustrieren in kürzeren Passagen die Wirksamkeit dieser vernünftigen Haltung. So stirbt der Bediente des Herrn R** "gelassen und freudig"[11] und führt dies ausdrücklich auf die Belehrungen und das Vorbild seines Herrn zurück, und auch der Graf selbst, der zwar einer Krankheit wegen nicht den gleichen, mit Selbstsicherheit erwarteten Tod wie die beiden Alten stirbt, nimmt kurz vor seinem Ende noch gefaßt Abschied und setzt die Ehe seiner Gemahlin mit Steeley wieder in Kraft. Daß er angesichts des Todes jedoch durchaus zu einer ähnlich vernunftgemäßen Standhaftigkeit fähig ist, belegt sein Abschiedsbrief, geschrieben angesichts der bevorstehenden Vollstreckung des Todesurteils zu Beginn seiner Odyssee; der Tod trifft am Ende also keinen Unvorbereiteten.

Im Vergleich zur Vielzahl der modellhaften Szenen vernünftigen Sterbens fällt der Gegenentwurf, nämlich der Suizid Marianens, kaum ins Gewicht. Ihre unvernünftige "Lust zum Tode"[12] ist weit entfernt von der Attraktivität, den der Selbstmord als Lösung einer vergleichbaren Krise später im *Werther* gewinnt, und es bedarf kaum der negativen Kennzeichnung der Tat durch die Erzählerin, um aufzuzeigen, daß der eigenmächtige Lösungsversuch vor dem christlich grundierten Neostoizismus des Romans unbedingt verwerflich erscheint. Die didaktische Grundintention der Sterbeszenen wird durch Marianens Beispiel nicht·gefährdet, im Gegenteil: Während die vernunftbestimmten Figuren des Romans den Tod, wenn er denn schon unvermeidlich ist, gefaßt erwarten, führt die Affektbeherrschtheit - bei Mariane, aber mittelbar auch bei Carlson - den Tod geradezu herbei. Eine vernünftige Einstellung zum Tode hingegen findet sich besonders bei den Figuren, die ein hohes Alter erreicht haben; eine so fundierte *ars moriendi* erweist sich mithin als Resultat und Bedingung einer vernünftigen Lebenskunst.[13] Diese besteht in einer rationalen Lebensgestaltung und einer Orientierung an den erwähnten Tugend- und Bildungsidealen; wer in diesem Sinne aufgeklärt lebt, geht dem Tod mit Fassung entgegen.

---

[10]Vgl. ebd., S.143f.

[11]Ebd., S.30.

[12]Ebd., S.58.

[13]In diesem Zusammenhang mag erwähnt werden, daß noch in einer - vom nationalsozialistischen Gedankengut freilich nicht unbeeinflußten - Monographie aus den dreißiger Jahren versucht wird,Gellerts häufig als mittelmäßig abgetane Biographie vom Tode her zu rehabilitieren, wobei die aufklärerische Konzeption Gellerts im Sinne eines militanten Heroismus um-

g) Bürgerliche Adelskritik

Unabhängig von der literatursoziologischen Diskussion um den sozialen Hintergrund literarischer Formentwicklungen gerade in der Übergangsphase des 18. Jahrhunderts kann die These von den latenten politischen Implikationen des aufklärerischen Rationalitätsgebots als Prämisse angenommen werden.[1] Demnach steht aus soziologischer Sicht eine im Laufe des 18. Jahrhunderts zusehends an wirtschaftlicher Macht gewinnende handeltreibende städtische Mittelschicht einem langsam an politischem Gewicht verlierenden Adel gegenüber. Der Konflikt führt im 18. Jahrhundert in Deutschland nicht zu Formen offener politischer Auseinandersetzung, sondern eher zu einer allmählichen Angleichung und Durchlässigkeit der Stände in bestimmten Randbereichen. Dennoch gibt es im 18. Jahrhundert das Bewußtsein dieses Konflikts, und seine Erscheinungsform ist häufig die der Abgrenzung, dann auf Seiten der "bürgerlichen" Schicht schließlich eine Aufwertung der eigenen Position zunächst auf dem scheinbar unpolitischen Gebiet der Moral.[2] Gleichzeitig werden die Grenzen zwischen den einzelnen Gruppierungen überschreitbar; die bei Gellert nachweisbare vorsichtige polemische Wendung gegen die Aristokratie wird im Laufe des 18. Jahrhunderts durch einen sozialen Wandel teilweise überholt. Dennoch erscheint es geboten, einen Roman, der wie Gellerts *Leben der schwedischen Gräfin von G**** die Begriffe Vernunft und Moralität zu zentralen Werten

---

gedeutet wird. Vgl. Moritz Durach: *Christian Fürchtegott Gellert. Dichter und Erzieher*, Dresden o. J. /⁻1938?_7, S.17: "Was an Heldentum in seinem Leben hatte unerfüllt bleiben müssen, erfüllte sich in seinem sieghaften Sterben. Noch im Tode ganz und gar Erzieher (...), gibt er das gültige und erhabene Beispiel des großen, fast möchte man sagen stilvollen Vorsterbens. Tatsächlich standen die Reaktionen des zeitgenössischen Massenpublikums auf den Tod des populären Autors wohl in krassem Gegensatz zu dem von ihm propagierten Ideal vernünftiger Gelassenheit; so setzte nach seiner Beerdigung eine solche Massenwallfahrt zu seiner Grabstätte ein, daß die Stadt Leipzig gezwungen war, den Johannisfriedhof zu schließen, um ihn vor Zerstörungen zu schützen. Vgl. dazu Schlingmann, S.11.

[1] Vgl. Koselleck, S.68: "Das politische Geheimnis der Aufklärung sollte nicht nur nach außen verhüllt werden, sondern verbarg sich -infolge ihres scheinbar unpolitischen Ansatzes - den meisten Aufklärern selbst."

[2] Vgl. ebd., S.41-48, 81-103. Zum Bürgerbegriff der Aufklärung, der durchaus nicht standesgebunden ist, vgl. Rudolf Vierhaus: *Deutschland im Zeitalter des Absolutismus (1648 - 1763)*, Göttingen 1978 (*Deutsche Geschichte*, hrsg. von Joachim Leuschner, Bd. 6; Kleine Vandenhoeck-Reihe 1439), S.113-115.

erhebt, auch auf seine Position in dieser zunächst außerliterarischen
Auseinandersetzung zu untersuchen.

Die soziale Zugehörigkeit der Romanfiguren allein erlaubt noch keine
Einordnung des Werkes: Die Erzählerin selbst und ihr erster Ehemann sind
adliger Herkunft, Herr R**, Steeley und die überwiegende Zahl der Randfiguren entstammen der bürgerlichen Mittelschicht, einige sind sogar
als Kaufleute tätig. Aussagekräftiger sind daher die Figurenkommentare,
aber auch die Darstellung wichtiger Begebenheiten im Vergleich zum höfisch
orientierten Barockroman.

Ein erstes Indiz für eine Aufwertung der Position, die der Einfachheit
halber als "bürgerliche" bezeichnet werden soll,liefert die Schilderung
des ersten Hochzeitsfestes. Obwohl beide Partner aristokratischer Herkunft
sind (auch wenn es sich nur um einfachen Landadel handelt), wird der Ver-
zicht auf jegliche Form von Zeremoniell hervorgehoben. Die Erzählerin beschreibt die Feier als eine "ohne Gepränge, mit einem Worte,sehr still,
aber gewiß sehr vergnügt"[3] vollzogene und setzt sie ausdrücklich von anders-
gearteten Publikumserwartungen ab. Später läßt sie erkennen, daß schon
dieser bewußt schlichten Trauungszeremonie zumindest Gleichgültigkeit gegenüber höfischen Werten zugrundeliegt. Bei einem Vergleich zwischen sich
und der bürgerlichen Caroline bezweifelt die Erzählerin, hier erstmals
im Zusammenhang mit Standesfragen an die Vernunft appellierend, die
Legitimität der Standesschranken und beruft sich dabei auf ihre aufklärerische Sichtweise:

> "Ich sah beinahe keinen Vorzug, den ich vor ihr hatte, als daß ich
> adlig geboren war. Und wie geringe ist dieser Vorzug, wenn man ihn
> vernünftig betrachtet!"[4]

Mit der Berufung auf die Vernunft legitimiert sie schließlich auch ihre
zweite, bürgerliche Ehe - "Sie haben die Verdienste; was geht die Vernünftigen die Ungleichheit des Standes an?"[5] - und vollzieht den Standeswechsel
auch sprachlich durch einen Wechsel der Stilebene innerhalb eines Wort-
feldes:

> "Also war Herr R** mein Gemahl oder, wenn ich nicht mehr standesmäßig
> reden soll, mein lieber Mann."[6]

---

[3]Gellert: *Schwedische Gräfin*, S.11.

[4]Ebd., S.16.

[5]Ebd., S.36.

[6]Ebd., S.37.

Drückt die Durchbrechung des Standesprinzips bei der Eheschließung
eher Indifferenz als eine Wertung aus, so liegt der kurzen Episode am Hofe
schon eine deutliche Tendenz zugrunde. Aus einem Zustand "der größten Zufriedenheit"[7] unfreiwillig an den Hof gerufen, erlebt die Gräfin sofort
die in ihren Augen moralische Korrumpiertheit der Hofleute; daß sie für
ihre Prinzipientreue angesichts eines Verführungsversuchs durch den Prinzen
von S** des Hofes verwiesen wird, trägt nur noch mehr dazu bei, die Welt
des Hofes vom ethischen Standpunkt aus zu disqualifizieren.

Auch wenn schon im Barockroman gegenhöfische Strömungen nachweisbar
sind,[8] so gewinnt die Hofkritik hier erst wirklich Konturen durch das Ge-
genmodell einer an bürgerlichen Tugendvorstellungen orientierten Vernunft-
moral. Es bleibt zwar zu beachten, daß die Hof-Episode nur sehr kurz ist
und höfisches Fehlverhalten nicht detailliert zur Entfaltung gelangt;
dennoch kann man mit einigem Recht vermuten, daß das zeitgenössische Publikum, dessen Leseerwartungen noch am höfischen und galanten Roman ge-
schult waren, das Ungewöhnliche, Neuartige und Modellhafte an der rigiden
Lösung dieser Situation erfassen mußte.[9]

Eine anders begründete Ablehnung des Hoflebens findet sich am Ende der
Schwedischen Gräfin. Nachdem die Hauptfiguren viele Jahre ein zurückge-
zogenes Privatleben unter bürgerlichem Namen geführt haben, enthüllt der
Prinz von S** bei einem zufälligen Zusammentreffen ihre Identität und
bietet dem Grafen eine Rehabilitierung bei Hofe und eine einflußreiche
öffentliche Position an. Der Graf aber zieht das verhältnismäßig gleich-
förmige und ungefährdete Glück seiner bisherigen bürgerlichen Existenz
dem ständig vom Umschlag bedrohten Glück bei Hofe vor:

---

[7] Ebd., S.21.

[8] Vgl. Dieter Kimpel: *Der Roman der Aufklärung (1670 - 1774)*, 2., völlig
neubearb. Aufl., Stuttgart 1977 (Sammlung Metzler, M 68), S.31.

[9] Eine detaillierte Analyse der *Schwedischen Gräfin* unter dem Aspekt der
Enttäuschung von Leseerwartungen anhand eines Vergleichs zahlreicher Situationen mit entsprechenden Vorprägungen im Roman des 17. Jahrhunderts liegt
vor bei Eckhardt Meyer-Krentler: *Der andere Roman. Gellerts 'Schwedische
Gräfin': Von der aufklärerischen Propaganda gegen den 'Roman' zur empfindsamen Erlebnisdichtung*, Münster 1974 (Phil. Diss. 1973). Zur Hof-Episode
vgl. S.57, Anm. 147: "Daß dies schnelle Bewältigen von Problemen überhaupt
nicht den Intentionen des 'Romans' entspricht, der ja gerade aus diesen
Verwicklungen seine Substanz zieht, ist ebenso wenig von Belang wie die
Tatsache, daß die von Gellert vorgestellte Lösung, die Verstoßung vom Hofe,
im 'Roman' keine Lösung, sondern eine schwere Strafe wäre (...). Es zeigt
aber, (...) daß aus der Perspektive der 'Schwedischen Gräfin' die Intention
des 〔höfisch-barocken〕 Romans entweder nicht mehr verstanden wird oder
bewußt über den eigenen Leisten geschlagen wird."

"'Ich bin zufrieden (...) daß sie mein Freund sind und mich in die
Gnade des Königs von neuem setzen wollen; mehr verlange ich nicht.
Sollte ich mich noch einmal in die große Welt wagen und glücklich
sein, um vielleicht wieder unglücklich zu werden? Ich will mein Leben
ohne öffentliche Geschäfte beschließen."[10]

Hier liegt nicht mehr moralisch begründete Skepsis vor; vielmehr nähert
sich das Urteil dem barocken Verständnis des Hofes als eines repräsenta-
tiven Ortes, der auf exemplarische Weise die Bedrohtheit der letztlich
nicht vom Menschen beherrschbaren, sondern durch Fortuna (die vom Neostoizismus wiederbelebte Personifikation einer geschichtlich wirksamen
Macht) regierten Welt illustriert. Diese traditionelle Auffassung, dem
zeitgenössischen Leser wohl noch als Hintergrund gegenwärtig, meinte in
der Konzeption der barocken Tragödie lediglich den modellhaften Carakter
des höfischen Personals; die sozial herausragenden Figuren demonstierten
nur das allgemeine Los der Welt. Die späte und abgeschwächte Variante in
Gellerts Roman hingegen zielt auf eine bürgerliche Privatsphäre, die den
Gefahren der "großen Welt" entrückt zu sein scheint. Die Flucht aus der
Öffentlichkeit des Hofes in den privaten Raum erscheint demnach nicht nur
als ein Indiz für moralische Integrität, sondern bietet Sicherheit gegen
eine unkontrollierbare und unbeständige Welt. Die Verhaltensideale des
Neostoizismus prägen also noch die Standeskonflikte in Gellerts Roman.

Das, was realgeschichtlich zu einer Etablierung und Sicherung des bürgerlichen Mittelstandes beitrug, wird im Roman nur in Ansätzen sichtbar.
Es handelt sich um Hinweise auf erfolgreiche wirtschaftliche Tätigkeit,
also um eine Überführung des Rationalitätsgebots in ökonomische Praxis.[11]
So verkauft die Gräfin nach ihrer Ankunft in Holland die Attribute ihrer
adligen Herkunft, ihre Juwelen, und investiert dieses Kapital in das
Handelsunternehmen ihres Wirtes - mit großem finanziellen Erfolg, wie
sich später herausstellt, auch wenn noch kein Zusammenhang zwischen öko-
nomischer Klugheit und Erfolg hergestellt wird:

"Es schien, als ob uns der Himmel mit Gewalt reich machen wollte."[12]

---

[10] Gellert: *Schwedische Gräfin*, S.151.

[11] Vgl. den Hinweis auf den *homo oeconomicus* als neues, bürgerliches
Bildungsideal im 18. Jahrhundert bei Blankertz, S.56f.

[12] Gellert: *Schwedische Gräfin*, S.52.

Etwas von dieser Aufwertung tätigen Lebens mag sich auch in dem Versuch des Grafen widerspiegeln, in der Gefangenschaft der quälenden Untätigkeit durch Arbeit zu entgehen, doch ginge es zu weit, darin schon eine Ausprägung des *homo oeconomicus*-Ideals sehen zu wollen.

Neben diesen Ansätzen zu direkter oder indirekter Distanzierung vom Adel als einem normsetzenden Stand (was übrigens nicht als Kritik am ständisch verfaßten Gesellschaftssystem überhaupt mißverstanden werden darf) lassen sich weitere Belege finden, die es gestatten, in Gellerts *Leben der schwedischen Gräfin von G**** einen der frühen bürgerlichen Romane zu sehen. Dazu ist ein Vorgriff auf folgende Abschnitte nötig: Wenn Gellerts Roman – was zu zeigen sein wird – neben den rationalistischen Zügen auch solche der Empfindsamkeit aufweist, gilt natürlich auch hier, was die Forschung an sozialgeschichtlichen Implikationen des Phänomens "Empfindsamkeit" nachgewiesen hat. Ohne daß die Diskussion im ganzen hier aufgerollt werden kann, bleibt doch festzustellen, daß trotz der bedenkenswerten Warnungen Hohendahls[13] eine Korrelation zwischen der Entwicklung der empfindsamen Literatur und vielfältigen Entwicklungen innerhalb der bürgerlichen Mittelschicht unübersehbar und wohl kaum zufällig ist.[14] Will man ein notwendig simplifizierendes Pauschalurteil fällen (und viel mehr ist nicht möglich, will man nicht streng marxistisch kausale Ableitungen kultureller Phänomene aus sozialen Gegebenheiten vornehmen), dann läßt sich Folgendes festhalten: Da für eindeutig der Empfindsamkeit und Gefühlskultivierung zuzuordnende Elemente des Romans gelten muß, was für die empfindsame Strömung insgesamt gilt, besteht eine auf der Ebene des Romangeschehens und des Erzählerkommentars nicht thematisierte Beziehung

---

[13] Vgl. Peter Uwe Hohendahl: "Empfindsamkeit und gesellschaftliches Bewußtsein. Zur Soziologie des empfindsamen Romans am Beispiel von *La Vie de Marianne, Clarissa, Fräulein von Sternheim* und *Werther*", in: *Jahrbuch der deutschen Schillergesellschaft* 16 (1972), S.176-207.

[14] Vgl. Voßkamp, S.179-184. Vgl. auch Sauder, S.XVI: "So ist auch die Geschichte der deutschen Literatur in der zweiten Hälfte des 18. Jahrhunderts als Ausdruck einer sozialen Bewegung, einer Transformation der Gesellschaft zu begreifen." Auch die empirischen Untersuchungen von Engelsing weisen auf einen Zusammenhang zwischen rapide wachsender Romanproduktion und einer – zum Teil durch Institutionalisierung eines Leihwesens unterstützten – Entstehung eines größer werdenden stadtbürgerlichen Lesepublikums hin. – Zumindest bei Gellert wird man übrigens die Darstellung eines solchen scharfen sozialen Konflikts kaum schon als bewußte Darstellungsintention annehmen dürfen, wie dies in dem außerordentlich anfechtbaren Aufsatz Van Cleves behauptet wird; vgl. John Van Cleve: "A Countess in Name only: Gellerts *Schwedische Gräfin*", in: *The Germanic Review* 55 (1980), S.152-155.

·zwischen Ansätzen zu einem positiv gedeuteten Irrationalismus innerhalb des Romans und der realen sozialen Aufstiegsbewegung eines Teils des stadtbürgerlichen Mittelstandes. Gellerts *Leben der schwedischen Gräfin von G**** gehört aus diesem Grunde durchaus zu einem neuen, im 18. Jahrhundert in Deutschland noch hochmodernen Romantypus; über den expliziten Entwurf einer bürgerlichen Haltung hinaus spiegelt Gellerts Roman neue soziale Entwicklungen wider und gerät so auf eine über das von Brüggemann Gemeinte hinausgehende Weise zu einer "Darstellung der bürgerlichen Welt- und Lebensanschauung."[15]

2. Versagen der Affektkontrolle

Obwohl vernünftiges Handeln und damit einhergehend eine Eindämmung unkontrollierter Affekte von der Erzählerin als moralische Aufgabe gefordert wird, bietet der Roman zahlreiche Belege für ein Durchbrechen dieser strikten rationalistischen Vorschrift. Fälle völligen Versagens der Affektkontrolle liegen allerdings nur in einer sehr begrenzten Zahl vor; sie werden im Roman eindeutig negativ bewertet und dienen zur Illustration falschen Verhaltens.

Wie schnell die Vernunft vom Affektbereich her beeinträchtigt werden kann, erfährt die Gräfin an sich selbst, wenn sie den vermeintlichen Abschiedsbrief ihres Mannes erhält. Bezeichnenderweise gebraucht sie an dieser Stelle eine Variante des Unsagbarkeitstopos und thematisiert damit explizit eine Grenze des Aufklärungsromans, in dem nur das Vernunftgemäße auch Ausdruck finden kann:

"Die Sprachen sind nie ärmer, als wenn man die gewaltsamen Leidenschaften der Liebe und des Schmerzens ausdrücken will. Ich habe alles gesagt, wenn ich gestehe, daß ich etliche Tage ganz betäubt gewesen bin. Alle Trostgründe der Religion und der Vernunft waren bei meiner Empfindung ungültig, und sie vermehrten nur meine Wehmut, weil ich sah, daß sie solche nicht besänftigen konnten."[1]

Wird hier die Möglichkeit unkontrollierbarer Leidenschaften nur angedeutet (die Gräfin beruhigt sich sehr schnell wieder unter dem Eindruck vernünftiger

---

[15] Brüggemann: Bürgerliche Welt- und Lebensanschauung, S.102.

[1] Gellert: *Schwedische Gräfin*, S.26.

"Trostgründe"), demonstriert die Episode mit Carlson und Mariane die Folgen derartiger nicht beherrschter Affekte.

Schon die Ankündigung der Heirat läßt ein Dominieren des Gefühlsbereichs vermuten und provoziert den Vergleich mit der leidenschaftslosen Eheschließung der Gräfin selber;[2] die Aufdeckung des Inzests schließlich bestätigt die zuvor geweckten Erwartungen. Von der ungewöhnlich leidenschaftlichen Enthüllungsszene an (die Affekte der Beteiligten werden noch nicht aus der Innenperspektive dargestellt, sondern in Aktion - Gesten und Gänge - übersetzt![3]) stehen Carlson und Mariane nicht mehr unter dem Einfluß der hier in Form religiöser Gebote auftretenden Vernunftgründe, sondern hören auf "die Stimme der Leidenschaften,"[4] die hier erstmals als überlegene Instanz und gleichwertiger Handlungsgrund eingeführt werden. Die Erscheinungsformen dieser gegen die Vernunft stehenden Liebe - Aufbegehren auf seiten Carlsons, Trostlosigkeit bei Mariane - führen schließlich in beiden Fällen zum Tode.

Wie eine vergleichbare, durch unvernünftige Liebe heraufbeschworene Krise gelöst werden kann, demonstrieren die Komplementärfiguren im zweiten Teil des Romans: Nachdem er sie zuvor verlassen hatte, kehrt der junge Wid zu seiner Braut zurück, um, ausgestattet mit hinreichendem Kapital und einer Stelle in einem Kaufmannskontor, eine Familie zu gründen. Dem ethisch verwerflichen Gegenbild affektbestimmten Verhaltens[6] wird damit am Ende ein normgerechtes Vorbild entgegengesetzt.

---

[2] Vgl. ebd., S.39: "Wir vermuteten bei dieser Ehe zwar genug Liebe, aber nicht genug Überlegung." Vgl. auch die Charakterisierung Marianens, ebd., S.40: "Man stelle sich (...) ein von Natur zärtliches Frauenzimmer vor, die von Jugend auf eine Nonne gewesen war und bei der die süßen Empfindungen nur desto mächtiger geworden waren (...), so wird man die inbrünstige und schmachtende Liebe dieser jungen Frau einigermaßen denken können."

[3] Vgl. ebd., S.45f.

[4] Ebd., S.47.

[5] Vgl. ebd., S.111, 139f., 144f.

[6] Der in der geistesgeschichtlich orientierten Forschung verbreiteten Ansicht, in Carlson und Mariane kündige sich bereits die Umwertung aufklärerischer Doktrinen im Zeichen des Sturm und Drang an (so etwa in Brüggemanns Einleitung zur *Schwedischen Gräfin* in *Bürgerliche Gemeinschaftskultur*, S.23; in neuerer Zeit beispielsweise bei Gerhard Kaiser: *Aufklärung, Empfindsamkeit, Sturm und Drang*, 3. überarb. Aufl., München 1979 /¯Geschichte der deutschen Literatur, hrsg. von G. Kaiser, Bd. 3; UTB 484¯7, S.84f.), widerspricht Meyer-Krentler mit dem Hinweis auf den im Gegenteil defizitären Charakter der beiden Figuren (vgl. Meyer-Krentler, S.67-78). Ein eigentlicher Widerspruch besteht jedoch nicht, da die negative Bewertung der geschilderten Verhaltensweisen innerhalb des Romans unbestritten ist

3. Harmonisierung von Vernunft und Empfindung

a) Freundschaft und Liebe

"Wie oft tut nicht die Liebe einen Schritt über die Grenzen der Vernunft!"[1]

Mit diesen Worten kommentiert die sonst streng vernunftbestimmte Erzählerin durchaus noch wohlwollend, die Ehe Carlsons und Marianens vor der Enthüllung des Inzests; auch für ihren eigenen Konflikt bei der Rückkehr ihres totgeglaubten Gatten findet sie ähnliche Worte:

"Welcher Trieb hört die Vernunft weniger als die Liebe."[2]

Schon zu Anfang, unmittelbar nach der Schilderung ihrer verstandesbetonten Erziehung, wertet sie das "Herz" gegenüber dem "Verstand" auf. Soeben hat sie den Brief des Grafen von G*** erhalten, in dem er um ihre Hand anhält:

"Es gibt eine gewisse Art, einem zu sagen, daß man ihn liebt, welche ganz bezaubernd ist. Der Verstand tut nicht viel dabei, sondern das Herz redet meistens allein."[3]

Und um den möglichen Lesereinwand zu entkräften, daß sie, die zum Vernunftgebrauch Erzogene, "weder schön noch empfindlich" gewesen sei, fährt sie fort:

"Nunmehr aber fing mein Herz auf einmal an zu empfinden."[4]

Ein Jahrzehnt vor dem Erstbeleg des Wortes "empfindsam" bei der Gottschedin und zwei Jahrzehnte bevor "Empfindsamkeit", angeregt durch Lessing, zum Modewort avancierte, liegt damit in einem noch stark dem Rationalitätsgebot der Aufklärung verpflichteten Roman nicht nur das Wort · ' (lediglich mit einem anderen Suffix bei der Adjektivbildung), sondern auch schon in Ansätzen die Sache selbst vor: Im Kontext von Freundschaft und Liebe haben die - nie übersteigerten - Affekte ihren legitimen Ort.

---

und die Vorbildfunktion Carlsons und Marianens natürlich erst aus einer historisch späteren Perspektive sichtbar wird.

[1] Gellert: *Schwedische Gräfin*, S.55.

[2] Ebd., S.65.

[3] Ebd., S.8.

[4] Ebd., S.10.

Nachdem die Diskussion um die - im Sinne einer monokausalen Ableitung
ohnehin nicht zu beantwortenden - Frage nach der Herkunft des komplexen
sozialpsychologischen Phänomens der Empfindsamkeit wohl ein vorläufiges
Ende gefunden haben dürfte,[5] herrscht auch im Hinblick auf das Verhältnis
der Gefühlskultur des 18. Jahrhunderts zur Aufklärungsbewegung ein allgemeiner Konsens innerhalb der Forschung. Man kann davon ausgehen, und dafür
sprechen auch zeitgenössische Belege,[6] daß zumindest in der ersten Hälfte
des Jahrhunderts bis in die siebziger Jahre hinein die Aufwertung des
Affektbereichs als Grundlage der sich ausbreitenden Gefühlskultur durchaus
nicht als Gegensatz zur Aufklärung konzipiert und bewertet wurde. Vielmehr
galten Rationalismus und gemäßigter Irrationalismus als Komplementär-
phänomene; die Emanzipation des Gefühls vollzog sich im Schutz der Aufklärung.[7]

Vor diesem Hintergrund erweist sich die Konzeption des Typus "empfind-
samer Aufklärungsroman" als keineswegs widersprüchlich; die überstarken
Leidenschaften in der Marianen-Episode ausgrenzend, demonstriert Gellerts
Leben der schwedischen Gräfin von G*** vielmehr an zahlreichen Stellen
eine beinahe idealtypische Harmonisierung von Vernunft und Empfindung.[8]
Bemerkenswert erscheint in dieser Hinsicht eine Entwicklung, die sich im
Verlauf des Romans vollzieht: Während sich im ersten, stärker moralisie-
renden Teil die Andeutungen eines Eigengewichts der Liebe über die Ver-
nunft hinaus (nicht gegen sie!) beinahe auf die eingangs zitierten Sätze
beschränken,spielen im zweiten, von langen narrativen Episoden geprägten
Teil Freundschaft und Liebe eine bei weitem größere Rolle.[9]

---

[5]Vgl. die Zusammenfassung der unterschiedlichen Ansätze bei Kimpel,
S.56-61.

[6]Vgl. etwa Johann Jakob Hottinger und Johann R. Sulzer: *Brelocken,*
Leipzig 1778, abgedruckt in: *Empfindsamkeit. Theoretische und kritische
Texte,* hrsg. von Wolfgang Doktor und Gerhard Sauder, Stuttgart 1776 (RUB
Nr. 9835), S.33, oder, schon rückblickend, Friedrich Maximilian Klinger:
*Betrachtungen und Gedanken über verschiedene Gegenstände der Welt und der
Literatur* (1801-4), abgedruckt in: Doktor/Sauder, S.51f.

[7]Vgl. Ernst Cassirer: *Die Philosophie der Aufklärung,* Tübingen 1932,
S.475: "Die Philosophie des achtzehnten Jahrhunderts tritt nicht nur für das
Recht der 'Einbildungskraft', sondern auch für das Recht der Sinne und der
sinnlichen Leidenschaften ein. Die Cartesische Lehre, nach der die Leidenschaften nichts anderes als Störungen der Seele *(perturbationes animi)*
sein sollen , wird jetzt mehr und mehr zurückgedrängt; sie erscheinen vielmehr als die lebendigen Impulse, als die eigentlichen Triebkräfte."
Vgl. auch Jürgen Mittelstraß: *Neuzeit und Aufklärung. Studien zur Entstehung
der neuzeitlichen Wissenschaft und Philosophie,* Berlin und New York 1970,
S.107. Zur ursprünglichen Einheit von Aufklärung und Irrationalismus vgl.

Eingehend geschildert wird die Freundschaft des Grafen zu Steeley. Im Gegensatz zu den anderen Freundschaftsbeziehungen des Romans und anders auch als die Liebesverhältnisse ist diese Freundschaft nicht in besonderen Verdiensten und Tugenden begründet, sondern besteht trotz eingestandener kleiner Charakterfehler; das Prinzip "reiner" Charaktere wird damit durchbrochen.[10] Dennoch erfährt die Gestaltung dieser Freundschaft, beispielsweise die Abschiedsszene bei der Freilassung des Grafen aus russischer Gefangenschaft, eine Intensität, wie sie für die Darstellung der Liebe zwischen Ehepartnern nicht aufgeboten wird. Die Szene bietet einen Einblick in die Möglichkeiten, die der frühen Empfindsamkeit zum Affektausdruck zur Verfügung standen. Zunächst ist die Rede von Klagen, Wehmut, Liebe und dem Vorwurf der Untreue, enthalten in den direkt wiedergegebenen Dialogen. Schließlich schildert der Graf, hier in der Rolle des Erzählers, die letzten gemeinsamen Stunden:

> "Nun überließ ich mich meinem Freunde die ganze Nacht hindurch. Wir redten, wir weinten und empfanden alles, was wir nur nach unsern verschiednen Umständen empfinden konnten. Der Morgen übereilte uns und ebenso der Mittag, und wir hatten bis auf den letzten Augenblick einander noch, ich weiß nicht was, zu sagen."[11]

Die Mittel zur Gefühlsdarstellung, die Gellert zu Gebote stehen, sind offensichtlich noch begrenzt: Wenige Verben des Affektbereichs und dazu die Betonung der zeitlichen Dauer erwecken den Eindruck von Gefühlsintensität, der durch eine Schilderung des Empfundenen, also durch Beschreiben seelischer Vorgänge, noch nicht herzustellen ist; hier kompensieren sichtbare Gesten den Mangel an beschreibbaren inneren Vorgängen.[12]

Sauder, S.XI-XV, und Meyer-Krentler, S.96.

[8] Vgl. Jäger, S.53-56, und Sauder, S.133: "Die Zähmung der Leidenschaften ist ein wesentliches Element im Programm empfindsamer Diätetik."

[9] Daß Gellert selbst dem zweiten Teil den Vorzug gab, belegt seine Äußerung im Brief an Carl Wilhelm von Craussen vom 16. Februar 1752, abgedruckt in: C. F. Gellerts Briefwechsel, hrsg. von John F. Reynolds, Bd. 1, Berlin und New York 1983, S.108: "Den ersten Theil habe ich in meinem Herzen, und auch gegen meine Freunde oft verklagt. Den andern kann ich leiden und lesen."

[10] Vgl. Gellert: Schwedische Gräfin, S.75f.

[11] Ebd., S.105.

[12] Vgl. ebd., S.103: "Ich (...) taumelte vor Freuden in Steeleys Arme (...). Er riß mir ihn /den Brief_7 aus der Hand und las ihn. Ich legte mich mit dem Kopfe auf seine Achsel."

An dieser Stelle - nicht etwa im Zusammenhang mit den beiden Eheschließungen der Gräfin - deutet der Roman zum ersten Mal einen Eigenwert des Gefühlsbereichs an, ohne daß sofort ein einschränkender Hinweis auf Vernunft und stoische Gelassenheit hinzugefügt würde; legitimiert durch die Person des Grafen und das Fehlen kritischer Erzählerkommentare, kündigt sich bereits eine empfindsame Gefühlskultur an, die, solange sie nicht zerstörerischen Leidenschaften Raum gibt, offensichtlich mit dem grundlegenden Gebot der Rationalität durchaus zu vereinbaren ist.

Bestätigung findet dieser Befund in der großen Wiedersehensszene in Holland, an der außer Steeley und dem Grafen auch Caroline, R** und die Gräfin teilhaben. Thematisiert wird an dieser Stelle erneut die Grenze der natürlichen (Vernunft-) Sprache und die Überlegenheit der wortlosen "Sprache" der Seele in affektbestimmten Situationen, ein weiteres wichtiges Indiz für eine erhebliche Aufwertung des zu Anfang eher beiläufig behandelten Gefühlsbereichs:

"Oh, was ist das Vergnügen der Freundschaft für eine Wollust, und wie wallen empfindliche Herzen einander in so glücklichen Augenblicken entgegen! Man sieht einander schweigend an, und die Seele ist doch nie beredter als bei einem solchen Stillschweigen. Sie sagt in einem Blicke, in einem Kusse ganze Reihen von Empfindungen und Gedanken auf einmal, ohne sie zu verwirren (...). Wir traten alle viere um Steeleyn und waren alle ein Freund."[13]

Eine ähnliche Selbständigkeit des Emotionalen verrät die Erzählung Amaliens über die Entwicklung ihrer Liebe zu Steeley. Zwar steht auch bei ihr noch Achtung vor seinen Verdiensten am Anfang, doch beschreibt sie anschließend den Prozeß einer zunehmenden Verselbständigung des Gefühls; Amalie beobachtet, hier vielleicht wirklich pietistischer Selbstbeobachtung nahe, wie ihre Handlungen irrational werden, wie das Gefühl die Vernunftkontrolle unterläuft:

---

[13]Ebd., S.116. Zur historischen Einordnung vgl. Wolfdietrich Rasch: *Freundschaftskult und Freundschaftsdichtung im deutschen Schrifttum des 18. Jahrhunderts. Vom Ausgang des Barock bis zu Klopstock*, Halle/Saale 1936, S.129-134; die dort vorgeschlagene monokausale Herleitung des im 18. Jahrhundert entstehenden Freundschaftskults aus säkularisiertem Pietismus dürfte jedoch zur Erklärung dieses Phänomens ebensowenig ausreichen wie zur Begründung der Empfindsamkeit überhaupt.

"Ich trat an das Fenster und wollte ihm nachsehn, und ich fragte mich
in dem Augenblicke, warum ich dieses täte; aber ich tat es doch. (...)
Ich fand es für gut, mich zu hintergehen."[14]

Das gegenseitige Liebesgeständnis führt schließlich zu einer Szene, die
dem Wiedersehen der Freunde sprachlich und von den Motiven her nachgestaltet ist:

"Durch wie viele Küsse, durch wie viele Seufzer wiederholten wir unser
Bekenntnis! Nun redte unser Herz allein."[15]

Der Abschluß von Amaliens Bericht - "Wir erzählten einander die Geschichte
unserer Empfindungen"[15] - weist sogar auf die dem Leser freilich vor-
enthaltene Schilderung seelischer Vorgänge hin und rückt damit ins Blickfeld, was im Roman selbst noch nicht eingelöst wird.

Das duale System von Herz und Vernunft erscheint noch einmal in der
Rede des Geistlichen anläßlich der Hochzeitsfeier, die dem Liebesgeständnis folgt. Die "vernünftige Rede"[16] wirkt keineswegs ernüchternd, sondern
durchaus förderlich auf die Gemüter der Zuhörer - ein Beweis dafür, daß
die geschilderten Empfindungen der Liebe nie den Rahmen des vor der Vernunft zu Rechtfertigenden verlassen haben.

Diese kontrollierte Pflege des Gefühlsbereichs besonders im Kontext
von Freundschaft und Liebe[17] weist Gellerts Roman, vor allem in seinem
zweiten Teil, als Produkt der Frühphase der Empfindsamkeit aus, in welcher
von einer Auflösung des Aufklärungsrationalismus zugunsten einer radikalen
Verabsolutierung des Irrationalen noch nicht die Rede sein kann.[18]

---

[14]Gellert: *Schwedische Gräfin*, S.126.

[15]Ebd., S.134.

[16]Ebd., S.137.

[17]Der andere, prinzipiell Affekten stark zugängliche Bereich, nämlich
der des Todes, bleibt, wenn man von wenigen Anklängen an empfindsame
Topoi ("Ich fand eine Wollust in meinen Tränen." Ebd., S.152) absieht,
in Gellerts Roman noch aus der Sphäre einer beginnenden Emotionalisierung
ausgegrenzt.

[18]Der These von Kurt May - "Das Weltbild der Aufklärung in allen seinen
wesentlichen rationalistischen Bestandteilen finden wir bei Gellert in
voller Zersetzung und Auflösung begriffen" (May, S.170) - ist daher, was
das *Leben der schwedischen Gräfin von G**** betrifft, zu widersprechen.

b) Das Problem der Individualität

Kaum ein Begriffspaar dürfte in der kritischen Diskussion der Auf-
klärungsliteratur so problematisch sein wie die beiden Kategorien Individualität und Subjektivität. Subjektivität, in diesem Zusammenhag häufig
verstanden als völlige Autonomie des Individuums oder das darauf gründende
Selbstbewußtsein, mag sich in einer herm eneutisch verfahrenden Untersuchung
durchaus an literarischen Texten aufweisen lassen; schwierig wird es
jedoch, wenn mit historiographischer Absicht versucht wird, durch Ableitung
aus literarischen Zeugnissen gewissermaßen die bewußtseinsgeschichliche
Signatur einer Epoche zu definieren. Eben diesen Versuch hat Fritz Brüggemann, einer der maßgeblichen Gellert-Interpreten der zwanziger und dreißiger Jahre, in seinen Arbeiten unternommen und damit die Forschung auf
ein ebenso bedeutsames wie schwer zu lösendes Problem hingewiesen.[1]

Den vierziger Jahren des 18. Jahrhunderts attestiert Brüggemann, sie
seien eine Zeit vor der Entdeckung des Subjektivismus gewesen, gekennzeichnet durch Passivität des Einzelnen gegenüber dem Schicksal und Ver-
zicht auf eigene Lebensgestaltung, eine Zeit "unpersönlicher Gemeinschafts-
gefühle"[2] noch ohne "subjektive Moral";[3] das *Leben der schwedischen Gräfin
von G**** sei anzusehen als "geradezu die klassische Darstellung der bürgerlichen Welt- und Lebensanschauung der vorsubjektivistischen Zeit, in seiner
Art ein Weltanschauungsroman so gut wie der 'Werther', nur einer Weltanschauung, die nicht mehr die unsere ist."[4]

---

[1] Vgl. Brüggemann: Bürgerliche Welt- und Lebensanschauung; ders.: *Bürgerliche Gemeinschaftskultur.* Detaillierter im Anführen von Belegstellen, in
der Argumentation aber identisch ist die gleichzeitig erschienene Abhandlung von Fritz Brüggemann: *Gellerts Schwedische Gräfin. Der Roman der
Welt- und Lebensanschauung des vorsubjektivistischen Bürgertums. Eine
entwicklungsgeschichtliche Analyse,* Aachen 1925. In der Fragestellung von
Brüggemanns Ansatz beeinflußt erweist sich die Arbeit von Ursula Rausch:
*Philipp von Zesens "Adriatische Rosemund" und C. F. Gellerts "Leben der
schwedischen Gräfin von G." Eine Untersuchung zur Individualitätsentwicklung im deutschen Roman,* Freiburg i. B. 1961 (Phil. Diss., masch.).

[2] Brüggemann: *Bürgerliche Gemeinschaftskultur,* S.12.

[3] Ebd., S.28.

[4] Ders.: Bürgerliche Welt- und Lebensanschauung, S.102.

Der Versuch, aus Gellerts Roman das Psychogramm einer Epoche zu dedu-
zieren, soll hier unberücksichtigt bleiben; zu fragen wäre da etwa, ob
ein Phänomen wie der Neostoizismus wirklich die Denk- und Empfindungs-
weise eines Großteils der Bevölkerung bestimmte oder ob er nicht vielmehr ein Wertsystem darstellte, mit dessen Hilfe die intellektuell
führenden Schichten den Affektbereich beurteilten.

Immerhin fällt es in bezug auf Gellerts Roman schwer, einem radikalen
und pauschalen Urteil wie dem Brüggemanns zuzustimmen, auch wenn die Distanz der *Schwedischen Gräfin* beispielsweise zum *Werther* kaum zu bestreiten
ist. Durchaus nicht so einleuchtend erscheint jedoch, daß der Begriff des
Subjektivismus das alleinige Unterscheidungskriterium darstellen soll.
Als problematisch erweist sich etwa die von Brüggemann den vierziger
Jahren noch abgesprochene "subjektive Moral": Natürlich stellt der stoi-
zistisch geprägte Moralkodex des Romans zunächst ein allgemeines System
von mehr als subjektivem Geltungsanspruch dar, doch ist das schließlich
ein Charakteristikum ethischer Systeme überhaupt; mit subjektiver Moral
hat auch der bedeutendste moralphilosophische Entwurf der zweiten Jahr-
hunderthälfte, Kants formale Ethik, nichts zu tun. Andererseits muß ein
derartiges System auch vom Subjekt angeeignet werden; der Roman zeigt
besonders im ersten Teil, daß stoische Gelassenheit zwar gefordert, aber
nicht selbstverständlich und mühelos zu erlangen ist, sondern Überwindung
der eigenen Affekte voraussetzt. Statt daher auf unpersönliches Gefühl
und mangelnde Subjektivität zu schließen, ließe sich mit gleichem Recht
von einem hohen Maß zunächst individueller Selbstbehauptung sprechen.

Beschränkt man sich auf literarische Subjektivität und damit vor allem
auf formale, darstellungstechnische Fragen, kristallisieren sich im wesentlichen zwei Kategorien heraus, die als Gradmesser dienen können: zum
einen die Darstellung innerer Vorgänge, zum anderen, oft daran gebunden,
Eigenprofil und Unterscheidbarkeit der literarischen Figuren. Legt man
diese Kriterien an, kann man einen großen Teil der zahlreichen Randfiguren,
die nur in wenigen Episoden auftreten und eine sehr eingeschränkte Funktion besitzen, bereits ausgrenzen. Auch unter den Protagonisten bieten
nur diejenigen, die - besonders im zweiten Teil - selbst als Erzähler oder
Briefschreiber auftreten, überhaupt die Möglichkeit zur Darstellung eigener Überlegungen und Empfindungen.

Es leuchtet zwar keineswegs ein, warum Subjektivität vorrangig an den

emotionalen Bereich gebunden sein sollte; geht man aber der Einfachheit
halber wie Brüggemann davon aus, daß sich weniger im intersubjektiven
Bereich rationalen Räsonnements , sondern gerade in der Darstellung
persönlicher, letztlich nie völlig mitteilbarer Empfindungen die Eigen-
tümlichkeit unverwechselbarer Subjekte ausdrückt, wird man den Mangel an
psychologischer Gestaltung tatsächlich im Sinne Brüggemanns auslegen
müssen. Zwar wird das Kriterium in der epigonalen Spätphase der Empfindsamkeit angesichts einer formelhaften, standardisierten Gefühlssprache
auch fragwürdig, doch bleibt unübersehbar, daß mit Ausnahme Amaliens die
Figuren wenig Ansätze zu individueller Gefühlsdarstellung zeigen; das
der allgemein anerkannten Moralität verpflichtete Räsonnement herrscht
trotz einiger Gegentendenzen vor und läßt auch die Protagonisten einander
ähnlich erscheinen.

Die Ähnlichkeit und Ersetzbarkeit von Personen ist denn auch das zentrale Argument für die These von einem vorsubjektivistischen Zustand,
den der Roman widerspiegeln soll.[5] Liebe ist an Tugend und Verdienst des
Partners gebunden (eine Ausnahme bilden Mariane und, schon positiv bewertet, Amalie);[6] weshalb der Tausch der Ehepartner und der mühelos von-
statten gehende Wechsel aus der Rolle eines Freundes in die des Ehemannes
und dann wieder zurück in die eines Hausfreundes im Grunde problemlos
möglich ist. Ein Wissen um unverwechselbare Individualität drückt sich
in dieser Haltung noch nicht aus.

Einen ähnlichen Befund ergab auch die Untersuchung der Sterbeszenen:
Im Sterben der vorbildlichen Alten kam der Vorrang der Gemeinschaft vor
dem Ereignis des individuellen Todes zum Ausdruck.

Da die Personendarstellung in Gellerts *Leben der schwedischen Gräfin
von G**** weder durch den Begriff des Subjektivismus noch durch dessen

---

[5]Vgl. etwa Rausch, S.128. Vgl. auch die Anmerkungen zum Zärtlichkeits-
begriff in den Moralischen Wochenschriften bis in die sechziger Jahre bei
Jäger, S.46: "Da man die Tugend des Partners, also etwas Abstraktes liebt,
bleibt die Freundschaft und die Liebe unpersönlich, der Partner austausch-
bar."

[6]Vgl. Gellert: *Schwedische Gräfin*, S.36: "Die Zeit und Ihr Wert hat
diese Regungen in Liebe verwandelt. Der liebste Freund meines Gemahls
hat das erste Recht auf mein Herz. Sie sind so großmütig und tugendhaft
mit mir umgegangen, daß ich sie lieben muß." Vgl. auch ebd., S.65: "Ich
hatte ihm /¯dem Grafen_7 indessen erzählt, (...) daß ich seine /¯des Herrn
R**_7 großmütige Freundschaft nicht besser zu belohnen gewußt hätte
als durch die Liebe."

Negation hinreichend zu bestimmen war, bleibt ein Konzept zu suchen, das
Ansätze zur Individualisierung mit einer Einbettung ins Allgemeine har-
monisiert. Ohne daß ein kausaler Zusammenhang hergestellt werden könnte,
sei zumindest auf den historisch noch präsenten Begriff des Individuellen
in Leibniz' Monadologie hingewiesen, wonach jede Monade als individuelle
Substanz stets noch in sich das Allgemeine und Universelle enthält.[7]

4. Probleme der Form

a) Poetologische Anmerkungen im Roman

Gellerts *Leben der schwedischen Gräfin von G**** enthält zwar keine aus-
führliche Erörterung von Fragen der Romanpoetik wie etwa Hermes' *Sophiens
Reise von Memmel nach Sachsen*, der dritte große empfindsame Roman der
Aufklärung,[1] doch finden sich auch bei Gellert verstreute . Hinweise der
Erzählerin zum Problem der Fiktionalität, zur Intention und Darstellungs-
technik.

Bei der Schilderung ihrer Reise zum Grafen von G***wendet sich die
Erzählerin in einer nur in der Erstausgabe enthaltenen Randbemerkung an
ihre "Leser, die viel Romane und Heldenbücher gelesen haben."[2] Auf die
Lesererwartungen ihres Publikum anspielend und das Wahrscheinlichkeits-
gebot ironisch umkehrend, beteuert sie, es sei ihr unterwegs nicht das
Geringste zugestoßen:

> "Und ich bin auf einem so weiten Wege nicht ein einzigmal entführet
> worden? Ist dieses wohl glaublich?"[2]

---

[7]Vgl. Cassirer, S.42: "Das Individuelle kann (...) immer nur in der
Weise 'begriffen' werden, daß es gleichsam vom Allgemeinen 'umgriffen' wird
(...). Denn jede individuelle Substanz ist, innerhalb des Leibnizschen
Systems, nicht nur ein Teil, ein Bruchstück, ein Fragment des Universums;
sondern es ist dieses Universum selbst." Vgl. auch die Anwendung dieses
Gedankens auf den Barockroman bei Kimpel, S.17: Es "sei allen denen, die
im Zeichen des Literaturbarocks Ansätze individualisierender Figurendar-
stellung für ein geschichtlich vorgreifendes Gestaltungsprinzip halten,
zu bedenken gegeben, daß das in Form der sprachästhetischen Umschreibung
exakt Leibnizens Begriff der wachen oder bewußten Monade entspricht, die
wesentlich auf individuelle Weise das Allgemeine vorstellt (repräsentiert).'

[1](Johann Timotheus Hermes:) *Sophiens Reise von Memmel nach Sachsen*,
1. Teil, Leipzig 1770, S.119-130. Beachtenswert ist die hier wiedergegebene
Diskussion über den deutschen Roman nicht nur als Beleg dafür, daß die
Postulate Gottscheds und seine Maßstäbe um 1770 bereits völlig mißachtet

- 47 -

Während hier nur ironische Distanzierung von traditionellen Romanen vorliegt, macht sie an einer späteren, ebenfalls nur in der Erstausgabe enthaltenen Stelle einen Anspruch auf authentische Darstellung geltend.
Die Rede ist von Caroline nach der Enthüllung der Geschwisterehe:

"Wenn ich einen Roman schriebe, so hätte sie Zeit genug gehabt, sich
indessen mit einem Dolche oder mit Gift um das Leben zu bringen.
Allein die Verzweiflung in den Romanen und die Verzweiflung im
gemeinen Leben haben nicht allemal einerlei Wirkung."[3]

Das implizierte Argument, es handle sich bei der *Schwedischen Gräfin* eben
nicht um bloße Literatur und Fiktion,sondern um eine reale Lebensbeschreibung (ein traditioneller Topos der Romanvorreden und keineswegs etwas Neu-
artiges), mag freilich nicht den von Gellert erwünschten Eindruck erweckt haben. So behauptet ja gerade die Form der Lebensbeschreibung und
die - in Deutschland noch neue - Technik des Briefzitats viel eher eine
Authentizität, die der spielerisch-ironische Vergleich mit fingierten
Romanen nur wieder in Frage stellen kann. Offen bleibt, inwieweit Teile
des zeitgenössischen Lesepublikums der Authentizitätsfiktion tatsächlich
noch Glauben schenkten; angesichts der Erfahrungen, die noch Goethe mit
der Rezeption seines *Werther* machte, muß man zumindest die Möglichkeit
in Betracht ziehen, daß der implizite Anspruch auf faktische Wahrheit
des Romangeschehens nicht von allen Teilen des Publikums als Fiktion
durchschaut wurde.

Zur Frage der Erzählerintention gibt die Gräfin an einer Stelle einen
verdeckten Hinweis. Nach einer kurzen Schilderung der Trostlosigkeit
Marianens nach dem Tod Carlsons unterbricht die Erzählerin die weitere
Darstellung mit einer - rhetorisch gesehen - klassischen *brevitas*-Formel,
begründet mit einer erwünschten Vermeidung von Langeweile:

"Ich will ihre Trostlosigkeit und etliche schlimme Folgen, die für
sie und uns daraus entstunden, nicht erzählen. Es sind Umstände, an
denen wir teilnahmen, weil wir gleichsam darein geflochten waren.
Sie waren in Ansehung unserer Empfindung wichtig. Allein, ich würde

---

werden; interessant ist auch, daß ein Jahr vor der *Geschichte des Fräuleins
von Sternheim* in einem ebenso populären Roman das Prinzip der idealen,
tugendhaften Charaktere ausdrücklich verworfen wird.

[2] Gellert: *Schwedische Gräfin*, S.156, Anm. 10.

[3] Ebd., S.157, Anm. 34.

übel schließen, wenn ich glauben wollte, daß sie deswegen dem Leser
merkwürdig vorkommen und ihn rühren würden. Ich will daher vieles
übergehen."[4]

Rührung des Lesers, also die Erregung positiver Affekte durch Darstellung
derselben (möglicherweise die pietistisch gefärbte Variante des rhetorischen *movere*-Ideals), erscheint in diesem verdeckten programmatischen
Hinweis zumindest als eine der Intentionen des Romans. Zur intendierten
Gattung findet sich noch der Hinweis der Erzählerin, sie habe "keine
Reisebeschreibung machen wollen"[5] - eine Legitimation für das Fehlen jeglicher geographischer Beschreibungen, aber auch für das Fehlen von Wissens-
kompilation jeder Art.

Obwohl programmatische Äußerungen im Roman ohnehin nicht notwendig sind
und aus dem Fehlen bestimmter Hinweise noch keineswegs Rückschlüsse auf
Autor- oder Werkintention möglich sind, soll hier kurz auf Stellungnahmen
Gellerts zum Problem der Werkintention außerhalb der *Schwedischen Gräfin*
hingewiesen werden.

Der oben zitierte Begriff der Rührung, dem Kontext protestantischer
Erbauungsschriften zuzuordnen, zielt ja zunächst nicht auf Didaktik:
Gerührt wird, wer ohnehin schon tugendhaft und empfindsam ist. Die Vermittlung von - in erster Linie moralischen - Wahrheiten steht jedoch im
Zentrum der Gellert'schen Fabeltheorie. Die durch den komischen Kontext
eher relativierte Pointe der Fabel von Biene und Henne - "Dem, der nicht
viel Verstand besitzt, Die Wahrheit, durch ein Bild, zu sagen"[6] - wird
durch die strikte Begrenzung auf moralische Intentionalität an anderer
Stelle bestätigt.[7] Diese rein moraldidaktische Definition der Fabel
entspricht der Position Gottscheds sehr genau; bei Gottsched aber gilt

---

[4]Ebd., S.52.

[5]Ebd., S.108.

[6]Christian Fürchtegott Gellert: *Fabeln und Erzählungen*. Historisch-
kritische Ausgabe, hrsg. von Siegfried Scheibe, Tübingen 1966, S.53.

[7]Vgl. Gellerts Einladungsschrift zur Habilitation, *De poesi apologorum
eorumque scriptoribus* (1744), abgedruckt in: Ders.: *Theorie und Geschichte
der Fabel*. Historisch-kritische Ausgabe, hrsg. von Siegfried Scheibe,
Tübingen 1966, S.17: "Die Fabel ist deswegen da, daß sie ergötzen, und
zugleich nützen soll." Ebd., S.37: "Die Moral ist dasjenige, um dessent-
willen die Fabel erdichtet wird."

der Primat der didaktischen Intention auch für den Roman als erstrebens-
wertes Ziel.[8] Die Problematik dieses Ziels, bei Gottsched Anlaß zu kritischer Abwertung des Romans, wird bei Gellert auf den Begriff gebracht;
in der schon zitierten Einladungsschrift erkennt er das hermeneutische
Problem der Vieldeutigkeit, daß nämlich

"ein auf etwas anspielender Vorfall oft mehr als eine Auslegung annehmen, und der Poete aller seiner angewandten Mühe ohngeachtet es
nicht verhindern kann, daß er nicht einen vielfachen Sinn haben
sollte."[9]

Auch wenn eine theoretische Anwendung dieser Einsicht auf den Roman mit
der notwendigen Schlußfolgerung, daß am Ende einer kurzen Fabel sehr wohl
noch ein eindeutiger Sinn postuliert werden kann, in einem umfangreichen
Roman jedoch kaum noch, bei Gellert fehlt, so beweist doch sein eigener
Roman die Unmöglichkeit, die didaktische Konzeption einer Fabel auf größere
epische Gattungen zu übertragen. Zwar sind besonders im ersten Teil die
moralischen Bewertungen eindeutig, so daß Didaktik sich immer noch über
Vorbildfiguren vollziehen kann. Fehlen aber schon hier die eindeutig laster-
haften Gegenfiguren (Carlson und Mariane entsprechen zu Beginn ja durchaus dem Tugendideal und handeln erst zum Schluß affektbestimmt, also un-
moralisch), so wird die Einschätzung angesichts der Aufwertung des Gefühlsbereichs im zweiten Teil noch schwieriger. Wenn man hier von einer Wahr-
heitsvermittlung im herkömmlichen Sinne reden will, so allenfalls von
der Vermittlung eines Menschenbildes, das der Herrschaft der Vernunft
gegenüber den Affektbereich - repräsentiert durch Freundschaft und Liebe -
zögernd anerkennt. Diese Vermittlung aber vollzieht sich eben nicht mehr
über explizite Auslegung durch die Erzählerfigur, sondern durch Ausgestaltung von Szenen mit empfindsamer Tendenz; die intendierte Wirkung dieser

---

[8]Vgl. die entsprechenden Ausführungen in der *Critischen Dichtkunst*,
abgedruckt in: Gottsched, S.94, 96, 102. Ganz ähnlich argumentiert auch
der Gottsched bekannte Pierre Daniel Huet in seinem apologetischen
Traité de l'origine des romans, in der deutschen Übersetzung von E.W.
Happel (1682) abgedruckt bei Kimpel/Wiedemann, Bd. 1, S.31-41.
Die Nähe Gellerts zu Gottsched trotz einiger - überdeckter - Abweichungen
wird auch nachgewiesen bei Jürgen Jacobs: "Gellerts Dichtungstheorie",
in: *Literaturwissenschaftliches Jahrbuch der Görres-Gesellschaft* N.F. 10
(1969), S.95-108.

[9]Gellert: *Theorie*, S.43.

Szenen ist zunächst nicht rationale Einsicht, sondern eben "Rührung", die damit zum einzig möglichen Modus des Didaktischen im Kontext der Empfindsamkeit avanciert.

Die bekundete Wirkungsabsicht bleibt nicht ohne Konsequenzen für die Darstellungsform. Unmittelbare Wirkung und die Möglichkeit zum Hineinversetzen in das Geschehen nennt die Erzählerin selbst als ihr Darstellungsideal, womit sie unausgesprochen einen Selbstwert stilistischen Schmucks ablehnt:

> "Ich weiß, daß es eine von den Haupttugenden einer guten Art zu erzählen ist, wenn man so erzählt, daß die Leser nicht die Sache zu lesen, sondern selbst zu sehen glauben, und durch eine abgenötigte Empfindung sich unvermerkt an die Stelle der Person setzen, welcher die Sache begegnet ist. Allein ich zweifle, daß ich diese Absicht erhalten werde."[10]

Die Aufhebung des Lesens durch das Sehen, nur möglich bei einer Eindämmung räsonierender Passagen, legitimiert die Brieftechnik im zweiten Teil:

> "Es ist immer, als wenn man mehr Anteil an einer Begebenheit nähme, wenn sie der selbst erzählet, dem sie zugestoßen ist."[11]

Die hier begründete ausgiebige Verwendung von Briefen im zweiten Teil des Romans verweist auf Gellerts eigene epistolographische Schriften, in denen sich eine Begründung der sprachlichen Gestaltung auch des Romans findet; der häufig erhobene Vorwurf sprachlicher Unzulänglichkeit, im Vergleich zu späteren Romanen wie Goethes *Werther* wohl verständlich, aber historisch ungerecht, findet hier eine Entgegnung.

In seinen *Briefen, nebst einer praktischen Abhandlung von dem guten Geschmacke in Briefen* von 1751 verwirft Gellert rhetorischen Schmuck in Briefen und erhebt die Natürlichkeit und Schlichtheit der mündlichen Rede zum stilistischen Ideal; Zu vermeiden sei alles, "was Nachdenken, Kunst, und Mühe verräth."[12] Allenfalls in dem Ideal der Deutlichkeit läßt sich noch das rhetorische Darstellungsziel der *perspicuitas* erkennen, traditionell an die niedrigste Gattung, das *genus humile*, gebunden.[13]

---

[10] Ders.: *Schwedische Gräfin*, S.61.

[11] Ebd., S.68.

[12] Christian Fürchtegott Gellert: *Die epistolographischen Schriften*. Faksimiledruck nach den Ausgaben von 1742 und 1751. Mit einem Nachwort von M. G. Nickisch, Stuttgart 1971, S.80. Vgl. auch S.3, 10, 79.

So wie der Roman ausdrücklich die Verwendung von Briefen durch seine
Wirkungsintention legitimiert, verweist Gellert in seiner Brieflehre wiederum auf die Gattung des Romans, indem er Briefe und Romane als ver-
wandte Gattungen der kaum getrennten "Beredsamkeit und (...) Dichtkunst"[14]
subsumiert. Die stilistischen Erwägungen in den *Briefen* ergänzen daher
die poetologischen Anmerkungen in der *Schwedischen Gräfin*: Im unmittelbaren zeitlichen Kontext seines Romans weist Gellert auf einen Mangel
an guten, dem natürlichen Briefstil nahen Romanen hin;[15] die *Schwedische
Gräfin* stellt damit, gerade auch weil das Problem explizit thematisiert
wird, einen Versuch dar, diesen Mangel zu beheben.

b) Zur Struktur der beiden Teile

Das formale Grundprinzip der *Schwedischen Gräfin*, insbesondere des
ersten Teils, ist das der Episodenreihung, der additiven Verknüpfung
weitgehend unabhängiger Phasen.[1] Verbunden werden diese durch die Figur
der Erzählerin und eine kleine Zahl wiederkehrender Charaktere; daneben
existiert eine Fülle von Randfiguren, die häufig nur in einer einzigen
Episode auftreten. Grundlage bildet der Erzählerbericht, erweitert durch
direkte Personenrede und gelegentlich durch szenische Ausgestaltung einzelner Geschehnisse; ergänzt wird die Rolle der Erzählerin durch ein-
gerückte Briefe, die sich aber - abgesehen von dem größeren Umfang der
narrativen Episoden im zweiten Teil - nicht prinzipiell von der Rede der
Erzählerin selbst unterscheiden.

Viele der Erzählphasen sind ausdrücklich als solche gekennzeichnet;
die Überleitung wird nicht verdeckt, sondern häufig deutlich markiert.
Die umfangreichste Phase des ersten Teils beispielsweise, die Marianen-

---

[13]Vgl. ebd., S.31f. Zu den *genera elocutionis* vgl. Heinrich Lausberg:
*Elemente der literarischen Rhetorik. Eine Einführung für Studierende der
klassischen, romanischen, englischen und deutschen Philologie*, 6. Aufl.,
München 1979, §§ 465-469.

[14]Gellert: *Epistolographische Schriften*, S.116.

[15]Vgl. ebd., S.116f.

[1]Vgl. dazu auch die Analyse bei Meyer-Krentler, S.38f., 87f., 104-107.
Zum Begriff der Phasen vgl. Eberhard Lämmert: *Bauformen des Erzählens*,
7. Aufl., Stuttgart 1980, S.73-82.

Episode, folgt auf die Beschreibung der Ehe mit R**; sie wird eingeleitet
mit dem Satz "Ich komme wieder zu meiner Geschichte,"[2] der den vorauf-
gehenden exkursartigen Kommentar abschließt; am Ende dieser ereignis-
reichen Episode schließt sich mit den Worten "Wir lebten wieder ruhig"[3]
eine kurze, retardierende Zwischenphase ein, die dann ihrerseits mit einem
Hinweis auf die stark geraffte Zeit durch die Dormund-Episode unterbrochen
wird:

"Mitten in unsere Zufriedenheit, die nunmehr über ein Jahr gedauert
hatte, kam Herr Dormund, Carlsons guter Freund."[4]

Der klaren Gliederung in deutlich abgesetzte Episoden - die Erzählerin
selbst spricht wiederholt von Perioden[5] - entspricht eine durchgehend
einsträngige Erzählweise ohne jede Durchbrechung der natürlichen Geschehens
folge; Vorausdeutungen fehlen ebenso wie Reflexionen über Vergangenes.
Die Briefe und der Bericht des Grafen sowie die Erzählung Amaliens durchbrechen das Schema nicht, da sie lediglich eine Lücke in der Geschehens-
chronologie schließen und bis in die Gegenwart der ursprünglichen Handlung
hineinführen; sie tragen jedoch schon zur Auflockerung der starren Struktur im zweiten Teil bei. Eine wirklich Ausnahme bildet allerdings der
kaum begründete, möglicherweise auf eine noch unfertige Konzeption hin-
deutende Vorausblick auf den Romanschluß am Ende des ersten Teils:

"Der arme Graf hat viel ausstehen müssen. Er starb. -- Doch ich
will itzt nichts mehr sagen."[6]

Charakteristisch für die Handlungsführung ist das Motiv der Trennung
und des unerwarteten Zusammentreffens nach langer Zeit. Die meist aus-
gestalteten Szenen überraschenden Wiedererkennens, den Anagnorisis-Szenen
in der griechischen Tragödie vergleichbar, markieren Höhepunkte in der
Erzählung und strukturieren den gesamten Roman. Diese Szenen beginnen mit
der Begegnung von Andreas und Mariane, in der die wahre Identität Marianens
aufgedeckt wird - ausgedrückt durch die identifizierende Formel "Sie ist
es, sie ist es!"[7]

[2] Gellert: *Schwedische Gräfin*, S.39.

[3] Ebd., S.52.

[4] Ebd., S.53.

[5] Vgl. etwa ebd., S.61: "Nunmehr komme ich auf einen Period aus meinem
Leben, der alles übertrifft." Ebd., S.108: "Ich eile nunmehr zu dem letzten
Periode dieser Geschichte."

[6] Ebd., S.67.

[7] Ebd., S.45.

Das Zusammentreffen des totgeglaubten Grafen mit seiner Gattin nach
jahrelanger Trennung bildet die zweite Anagnorisis-Szene, bis in den
Ausruf des Wiedererkennens der oben genannten Szene nachgestaltet:
"Ja, ja, Sie sind es, (...) Sie sind meine liebe Gemahlin."[8]
Warum der doch zunächst Totgesagte wieder zurückkehren konnte, wird übrigens erst am Ende des ersten Teils und dann in seinen Briefen ausführlich
erläutert; das zunächst Unwahrscheinliche bedarf nicht sofort einer Erklärung, sondern gilt im Kontext der *Schwedischen Gräfin* zunächst als das
Selbstverständliche.

Es folgt die Zusammenführung des Grafen mit seinem Freund Steeley in
der sibirischen Gefangenschaft[9] und schließlich die überraschende, aber
sorgfältig inszenierte Zusammenführung aller wichtigen Figuren in Holland;
mit dem Grafen und dem Kreis um ihn treffen dort zusammen der Jude aus
Rußland, Steeley, Amalie, Steeleys Vater und in England schließlich sogar
der Prinz von S**.[10]

Dieses Strukturprinzip, das Biographie auf einen Wechsel von Todes-
erlebnissen, Trennungen und überraschenden Wiedervereinigungen reduziert,
zielt nicht nur auf einen potentiell noch unendlichen Roman,[11] sondern
steht zumindest auch in einem Spannungsverhältnis zu dem besonders von
Gottsched verfochtenen Postulat der Wahrscheinlichkeit und Orientierung
am Faktisch-Natürlichen.[12] Die Häufung der Anagnorisis-Szenen am Schluß,
überhaupt das letztlich sehr einfache Prinzip des Wechsels von Abschied
und unerwarteter Wiederbegegnung verstößt damit durchaus schon gegen
das poetologische Gebot der Natürlichkeit, das bis in die Mitte der
siebziger Jahre hinein an Bedeutung gewinnen sollte; die Erzählerin greift
schließlich auf das Argument "von den wunderbaren Wegen der Vorsehung bei
dem Schicksale der Menschen"[13] zurück, um so das eigentlich schon nicht
mehr Akzeptable theologisch zu legitimieren.

---

[8] Ebd., S.62.

[9] Vgl. ebd., S.95.

[10] Vgl. ebd., S.112, 116, 118, 140, 148. In der rückblickenden Schilderung der Steeley-Amalie-Episode findet sich übrigens auch die einzige, wohl
auf Unachtsamkeit zurückzuführende Unstimmigkeit des Romans: Erst in Holland
erklärt sich Amalie zu Steeleys Braut (S.120), in ihrer Erzählung geschah
dies jedoch schon in Sibirien (S.134).

[11] Daß von den Zeitgenossen noch eine Fortsetzung des Romans erwartet
wurde, belegt der Brief E. S. J. Borchwards an Gellert vom 20. April 1751
(*Gellerts Briefwechsel*, Nr. 64, S.81): "Wann wird der 3te Theil von der
G--- fertig seyn? (...) Laßen sie mir dieß angenehme und erbauliche Werkchen
nicht ins Stecken gerathen." Wenn nicht einmal der Tod fast aller Haupt-

Das Prinzip streng additiver Episodenreihung hat zur Folge, daß ein Vergehen von Zeit kaum erzählerisch gestaltet werden kann. Raffende Zusammenfassungen von Ereignissen, die zwischen zwei zeitlich getrennten Episoden liegen, bleiben aus; allein die gelegentlich eingestreute Nennung vergangener Jahre läßt das Phänomen Zeit überhaupt bewußt werden. So folgt auf die Begegnung mit Caroline eine Schilderung des Ehelebens, der Tod des alten Grafen, die kurze Episode bei Hofe und die ebenfalls unmittelbar daran angeschlossene Nachricht vom Tode des Gatten; beim anschließenden Wiedersehen mit Caroline (eine weitere der oben so genannten Anagnorisis-Szenen)sind acht Jahre seit der kurz zuvor noch erwähnten Trennung vergangen.[14] Es schließt sich eine kurze Darstellung der Reise nach Amsterdam an, dann sind wiederum vier Jahre vergangen, und Carlson tritt in den Militärdienst;[15] die nächste Episode schildert die Hochzeit mit R**, wobei erwähnt wird, man habe Carlson "nun wohl in vier Jahren nicht gesehen."[16]

Spielt Zeit schon bei der Strukturierung der Erzählung nur eine allenfalls äußerliche Rolle, bleibt sie auch für die Gestaltung der Figuren bedeutungslos: Obwohl die meisten Protagonisten am Ende des Romans tot sind, zeigen sie vorher kaum Zeichen des Alterns; Zeit scheint ihnen beliebig zur Verfügung zu stehen. So ist die Gräfin nach der Rückkehr ihres ersten Mannes aus jahrelanger Gefangenschaft bemüht, ihm "alle die Augenblicke zu ersetzen, die er ohne mich zugebracht,"[17] und Steeleys alter Vater erklärt beim Wiedersehen nach vielen Jahren:

> "Mein Sohn (...) hat mir viel bekümmerte Stunden gemacht, nun soll er mir freudige Tage machen"[18]

- als ließe sich verlorene Zeit aufrechnen und ersetzen.

Figuren als Hindernis für eine Weiterführung betrachtet wird, kann dieser Wunsch nur in der Einsicht begründet sein, daß die Personen keinen großen Eigenwert besitzen, sondern beinahe beliebig ausgetauscht werden können und daß die bisherige Struktur trotz des beinahe völligen Verschwindens der Protagonisten prinzipiell unbeschadet fortgeführt werden könnte.

[12]Zur Ablehnung unwahrscheinlicher Schlußkonstruktionen schon in den vierziger Jahren vgl. Voßkamp, S.187f.

[13]Gellert: *Schwedische Gräfin*, S.137.

[14]Vgl. ebd., S.28.

[15]Vgl. ebd., S.33.

[16]Ebd., S.39.

[17]Ebd., S.109. Auf das an dieser Stelle ausgedrückte unpersönliche Verhältnis zur Zeit weist auch Ursula Rausch (Rausch, S.153) hin.

[18]Gellert: *Schwedische Gräfin*, S.143.

Bemerkenswert als Indiz für die Bindung an traditionelle Romanvorbilder erscheint ein dem Zeitverhältnis analoges Fehlen von Raum. Wenn Dialoge wiedergegeben werden, agieren die Figuren zunächst sprachlich, gelegentlich durch Gesten; der Raum, in dem sie sich befinden, wird allenfalls genannt (meistens handelt es sich um eine Stube, seltener um einen Ort im Freien wie etwa den - mit keinem Wort näher beschriebenen - Hafen, der als Kulisse für das Wiedersehen der Gräfin mit ihrem ersten Mann dient), gestaltet wird er jedoch nie: Der Ort besitzt keinerlei reale oder symbolische Eigenbedeutung. Dies gilt auch für die erwähnten Reisen (die Gräfin reist zunächst auf das Gut ihres Mannes, dann flieht sie bis nach Holland, unternimmt später noch eine Reise nach England; der Graf, Steeley und Amalie reisen von Sibirien nach Moskau, schließlich auf dem Seeweg nach Holland): An keiner Stelle werden unterwegs gesehene Städte beschreiben, nichts wird über die näheren Umstände gesagt; wenn die Erzählerin überhaupt - wie anläßlich ihrer eigenen Flucht aus Schweden - darauf eingeht, erfährt der Leser nur Abreise- und Ankunftsort.[19]

Obwohl Anlässe genug vorhanden wären, tauchen Natur und Landschaft sogar in den Berichten aus Rußland nicht auf(die Quelle im Wald, an der Steeley das Kosakenmädchen trifft, hat nichts mit Naturschilderung zu tun, sondern erinnert eher an den seit der Antike formelhaft vorgeprägten *locus amoenus*); ein in der Literatur des 18. Jahrhundert zentral werdendes Gestaltungselement fehlt im *Leben der schwedischen Gräfin von G**** also noch vollständig und rückt Gellerts Roman in dieser Hinsicht in die Nähe der Spätformen des höfischen Romans.[20]

---

[19]Vgl. ebd., S.27: "Ich entschloß mich also zur Flucht und bat den Herrn R**, Schweden mit mir zu verlassen (...). Wir waren nunmehr in Livland." Ähnlich die Schilderung der Weiterreise; S.30: "Wir verließen nunmehr Carolinen in Begleitung ihres Sohnes /¯in Livland_7. Sie versprach, sobald es möglich wäre, uns zu folgen und ihr Landgütchen zu verkaufen. Wir kamen glücklich in Amsterdam an." Zur großen realen Bedeutung des Reisens in den intellektuell führenden Schichten der Aufklärungszeit vgl. Hazard, S.350f. Von der dort erwähnten Faszination, die von der Figur des Europa durchreisenden Kosmopoliten und Abenteurers ausging, ist in Gellerts Roman nicht das Geringste zu spüren.

[20]Zur Bedeutungslosigkeit der Natur im höfisch-historischen Roman vgl. Herbert Singer: *Der deutsche Roman zwischen Barock und Rokoko*, Köln und Graz 1963, S.125-130. Zur weiteren Entwicklung der Natur- und Landschaftsdarstellung vgl. Willi Flemming: *Der Wandel des deutschen Naturgefühls vom 15. bis zum 18. Jahrhundert*, Halle/Saale 1931, S.81-107.

Einen letzten Aspekt des Strukturproblems stellt die gelegentliche
Verwendung von Sentenzen allgemein-didaktischer Art dar. Wird das Romangeschehen ohnehin wiederholt von Reflexionen der Erzählerin oder -seltener
der Figuren selbst unterbrochen, so bilden die Sentenzen gewissermaßen
pointierte Zuspitzungen solchen Räsonierens.

In der Regel folgen sie der Bechreibung eines Einzelfalls, der dann
- ein quasi induktives Verfahren - in den allgemeinen Satz mündet. So
nach der Schilderung der ersten Liebeserfahrung:

> "Eine Person wird gemeiniglich in unsern Augen vollkommner und ver-
> ehrungswürdiger, wenn wir sehen, daß sie uns liebt."[21]

Ähnlich die aus dem Tod von R**s aufklärerisch gebildetem Dienstboten
abgeleitete Einsicht:

> "So gewiß ist's, daß man auch den niedrigsten Menschen edelmütig
> machen kann, wenn man ihn nicht bloß als seinen Bedienten und Sklaven,
> sondern als ein Geschöpf ansieht, das unserer Aufsicht anvertraut
> und zu einem allgemeinen Zwecke nebst uns geboren ist."[22]

Sentenzartig formulierte Erkenntnisse dieser Art konstituieren, auch
wenn sie nicht übermäßig häufig verwendet werden, eine eigene Ebene innerhalb der Erzählung: Aus der narrativen Gestaltung von Einzelschicksalen,
die ohnehin noch nicht sehr stark individualisiert sind, gewinnen sie
Einsichten allgemeiner Art und demonstrieren damit nicht nur einen rationalen Zug des Romans,sondern das Grundprinzip didaktischer Literatur überhaupt, nämlich Erkenntnisse nicht aus Lehrsätzen, sondern anhand von
exemplarischen Fällen zu gewinnen. Die Ergänzung des Geschehens durch
kommentierende Sentenzen dokumentiert demnach zumindest latent den
didaktisch-rationalen Grundzug der *Schwedischen Gräfin*.

---

[21] Gellert: *Schwedische Gräfin*, S.11.
[22] Ebd., S.30.

II. SOPHIE VON LA ROCHE:
GESCHICHTE DES FRÄULEINS VON STERNHEIM

1. Der Bereich des Rationalen

a) Gleichmut und Affektkontrolle

Durch die gesamte - nicht sehr umfangreiche - kritische Diskussion zu
Sophie von La Roches *Geschichte des Fräuleins von Sternheim* zieht sich
die Behauptung, der Roman sei etwa zu gleichen Teilen vom Aufklärungsrationalismus und von der Zeitströmung der Empfindsamkeit geprägt, ver-
einige also, was doch eigentlich den Grundwiderspruch des Jahrhunderts
ausmache.[1] Diese These, nirgends wirklich belegt, läßt eine nähere Über-
prüfung geboten erscheinen, handelt es sich doch um ein Problem, das
auch bei der Untersuchung von Gellerts zwanzig Jahre vorher erschienenem
Roman schon andeutungsweise sichtbar geworden war. Was bei der Behandlung
der *Schwedischen Gräfin* erprobt wurde, soll daher hier fortgesetzt werden:
die Analyse mit Hilfe von Kriterien, die auf einer Skala zwischen den
Polen "Empfindsamkeit" und "Rationalität" angesiedelt sind, um so trotz
der Problematik einer solchen Isolierung einzelner Aspekte die antithetischen Elemente des Typus "empfindsamer Aufklärungsroman" näher zu
beleuchten.

Auch die *Geschichte des Fräuleins von Sternheim* ist daher zu Anfang
auf Formen rationaler Argumentation gegen Affektkult und Empfindsamkeit

---

[1]Vgl. Christine Touaillon: *Der deutsche Frauenroman des 18. Jahrhunderts*,
Wien und Leipzig 1919, S.73; vgl. auch Werner Milch: *Sophie La Roche.
Die Großmutter der Brentanos*, Frankfurt am Main 1935, S.11: "'Die Ge-
schichte des Fräuleins von Sternheim' steht an der Grenze zwischen Auf-
klärung und empfindsamer Schwärmerei." Verneint wird ein Einfluß der
Empfindsamkeit in Brüggemanns Einleitung zur *Geschichte des Fräulein von
Sternheim*, hrsg. von Fritz Brüggemann, Leipzig 1938 (Deutsche Literatur...
in Entwicklungsreihen, Reihe Aufklärung, Bd. 14), S.5; beide Aspekte be-
tont, Brüggemanns Terminologie aufnehmend, Günther Weydt: "Der deutsche
Roman von der Renaissance und Reformation bis zu Goethes Tod", in:
Deutsche Philologie im Aufriß, hrsg. von Wolfgang Stammler, unveränderter
Nachdruck der 2. Aufl., Bd. 2, Berlin 1966, S.1289f.; von der historischen
Wandlung besonders des Frauenbildes, hinter der La Roches Roman schließ-
lich doch zurückbleibt, handelt Peter Petschauer: "Sophie von LaRoche,
Novelist between Reason and Emotion", in: *The Germanic Review* 57 (1982),
S.70-77.

zu untersuchen.

In der Tat bietet der Roman dazu eine Reihe von Anhaltspunkten. Die Ausgangslage ist jedoch eine andere als bei Gellert: Galt in der *Schwedischen Gräfin* ein absolut verbindliches Wertsystem, aufgrund dessen alles Geschehen vom Anfang bis zum Ende durch die Erzählerin eindeutig als richtig oder falsch beurteilt werden konnte, erschwert hier die multiperspektivische Darstellungsform das rasche Auffinden einer eindeutigen, "richtigen" Beurteilungsperspektive.

Der größte Teil des Romangeschehens wird in Briefen unterschiedlicher Schreiber -teilweise sogar parallel - geschildert, während die Rolle der Erzählerin auf das gelegentliche Herstellen von Überleitungen reduziert ist. Zwar führt dieses Verfahren nicht zu moralischem Relativismus; die "guten" Charaktere und der moralisch Korrupte sind sehr deutlich zu unterscheiden. Auf der Seite der positiv bewerteten Figuren jedoch gibt es unterschiedlich akzentuierte Denk- und Verhaltensweisen, und einzelne, etwa Sophie und Seymour, machen, ohne vorher explizit "falsch" gehandelt zu haben, einen sichtbaren Lernprozeß durch.

Nicht relativiert, sondern durch mehrere Figuren abgesichert wird das immer noch neostoizistischen Vorstellungen verpflichtete Ideal der Affektkontrolle und Eindämmung von Leidenschaften, ein Ideal, das hier allerdings nicht mehr als Korrelat moralischer Postulate gebraucht wird.

So bemüht sich etwa Oberst Sternheim, eine unangefochtene Vorbildfigur des Romans, seine Liebe zur Schwester des Freundes aus Standesrücksichten zu ignorieren, "eine Leidenschaft zu bekämpfen," um "vernünftig und edelmütig zu sein."[2] Was aus gesellschaftlicher Rücksichtnahme mittels der Vernunft unterdrückt werden soll, setzt sich nicht nur sehr bald doch durch, nachdem die Hindernisse aus dem Weg geräumt wurden; die Affektunterdrückung aus Vernunft erscheint als nicht mehr problemlos möglich, sondern führt zu ungewöhnlicher Melancholie, die sich in tränenreichen Szenen "zärtlicher Wehmut"[3] Bahn bricht, mithin zu einem charakteristischen Symptom der wohl halb literarischen, halb reale Verhaltensnorm und -mode gewordenen Empfindsamkeit.

---

[2]Sophie von La Roche: *Geschichte des Fräuleins von Sternheim*, hrsg. von Barbara Becker-Cantarino, Stuttgart 1983 (RUB Nr. 7934), S.24. Nach dieser Ausgabe wird im folgenden zitiert.

Erschien an dieser Stelle paradoxerweise ein übersteigerter Affekt als Resultat vernunftgelenkter Affektverdrängung ‚macht sich der Oberst an anderer Stelle die Argumente der physiologisch fundierten Kritik an überstei gerter Sensibilität und Empfindsamkeit zu eigen. Er fürchtet nämlich für seine Tochter,

"daß ihre empfindungsvolle Seele einen zu starken Hang zu melancholischer Zärtlichkeit bekommen, und durch eine allzusehr vermehrte Reizbarkeit der Nerven unfähig werden möchte, Schmerzen und Kummer zu ertragen. Daher suchte er sich selbst zu bemeistern und seiner Tochter zu zeigen, wie man das Unglück tragen müsse, welches die Besten am empfindlichsten rührt; und weil das Fräulein eine große Anlage von Verstand zeigte, beschäftigte er diesen mit der Philosophie."[4]

Klar erkennbar wird hier die Polarität von Vernunft und Empfindung, die eindeutig, ohne daß ein anderes, übergeordnetes Ziel als einzig die körperliche Gesundheit genannt wird, zugunsten der Vernunft entschieden wird; intelektuelle Schulung ordnet sich geradezu dem Ziel der Affektdämpfung unter.

Hier wie auch an anderen Stellen verfällt aber nicht der gesamte Affektbereich dem rationalistisch getönten Verdikt, sondern zunächst vor allem übersteigerte Reizbarkeit. Das gilt auch für die Figurencharakterisierung insgesamt: Derby, die einzige eindeutig und krass negativ gezeichnete Gestalt des Romans, unterscheidet sich von allen anderen durch betonte und offen zur Schau getragene Leidenschaftlichkeit.[5]

Gleichmut und Gelassenheit selbst angesichts der ja keineswegs abgewerteten Empfindung der Liebe, von Oberst Sternheim zu Beginn erfolglos erprobt, wird auch von Seymour als Ziel angestrebt, doch hebt der Verlauf des Romangeschehens diese Zielsetzung wieder auf: Seymours Einschätzung, er wäre "glücklich (...) durch eine vernünftige Gleichgültigkeit geworden,"[6] entspringt der auf einem Irrtum beruhenden Enttäuschung über Sophies Verhalten auf dem Landfest; später bereut er, daß er sich durch

---

[3]Ebd.
[4]Ebd., S.51.
[5]Vgl. etwa ebd., S.177.
[6]Ebd., S.143.

"Vernunftgründe"[7] von seiner Liebe habe abbringen lassen. Der Ausgang
des Romans, nämlich die Ehe zwischen Seymour und Sophie, spiegelt die
Heirat des Oberst Sternheim mit Sophies gleichnamiger Mutter wider; in
beiden Fällen hat sich das ablehnende Argument der vernunftbestimmten
Distanz zu Ehe und Liebe als unter Umständen folgenschweres Schein-
argument enthüllt. Im Bereich der nicht überspannten, durch Leidenschaft
verzerrten Empfindungen verlieren die Ideale des Gleichmuts und der Gelassenheit demnach ihre Bedeutung, werden sogar illegitim.

Durchaus wirksam bleibt der Wert des emotionslosen Gleichmuts jedoch
angesichts des Todes. So werden der frühe Tod des Oberst Sternheim, seiner
Frau und seines Freundes zunächst nur beiläufig in einem Nebensatz erwähnt;[8] in dem nachgeschobenen Bericht vom Tod des Obersten trägt die
Tochter ihr Los dann mit außerordentlichem Gleichmut, nachdem der Vater
sie in einer an Henckels *Letzte Stunden* erinnernden öffentlichen Abschiedsszene getröstet hat. Dementsprechend tritt für Sophie das Element des
Nützlichen und Erbaulichen in den Vordergrund, allerdings beinahe ohne
theologische Beimischung:

"Wie viel Gutes kann eine empfindende Seele an dem Sterbebette des
Gerechten sammeln!"[9]

Eine an Gleichgültigkeit grenzende "Ruhe des Gemüts"[10] erlangt Sophie
Sternheim erst in der schottischen Verbannung. Als eine Einsicht, die am
Ende des Romans und in der letzten Prüfungssituation gewonnen wird, erhält
diese - um das Ideal des tätigen Lebens erweiterte - stoische "Weisheit
und Geduld"[11] einen besonderen Stellenwert im Kontext des Werkes; diese
als Verhaltensnorm derart sanktionierte Gelassenheit schließt selbstverständlich auch Gefaßtheit gegenüber dem eigenen nahen Tod ein.[12]

An einer Stelle jedoch durchbricht Sophie die eigentlich gebotene
Gelassenheit sogar dem Tod gegenüber und demonstriert eine Kultivierung
des Schmerzes, wie sie in der Empfindsamkeit der siebziger Jahre längst

---

[7]Ebd., S.264.

[8]Vgl. ebd., S.50, 52. Zur Gleichgültigkeit des 18. Jahrhunderts gegenüber dem Tod vgl. Ariés, S.46.

[9]La Roche, S.56.

[10]Ebd., S.315.

[11]Ebd., S.314.

[12]Vgl. ebd., S.320.

auch zur literarischen Mode geworden war. Der Tod ihres Pflegevaters
führt nicht nur zu einer empfindsamen Szene (bei der gleichwohl, noch in
Anlehnung an die der Empfindsamkeit ja ohnehin nicht fernstehende pietis-
tisch-erbauliche Auffassung, vom "Wert des Todes der Gerechten und der
Belohnung der Tugend"[13] die Rede ist), sondern auch zu einem Brief, der
unverhüllt der Affektdarstellung gewidmet ist:

> "Emilia! Ich erliege fast unter meinem Kummer; mein Pflegvater tot!
> (...) Die gute Rosine vergeht vor Jammer. Ich suche sie zu trösten,
> und meine eigne Seele ist niedergeschlagen. (...)Warum benetzen
> meine Tränen seine heilige Grabstätte nicht! (...) Die arme Rosine!
> Sie kniet bei mir, ihr Kopf liegt auf meinem Schoße, und ihre Tränen
> träufeln auf die Erde. Ich umarme sie und weine mit. (...) Ich kann
> nicht mehr schreiben."[14]

Dieser Ausdruck des Leidens sowie die beinahe kultische Verehrung, die
Sophie dem Grab ihrer eigenen Eltern entgegenbringt, durchbrechen die
Gleichgültigkeit oder sichere Gelassenheit, die auch in La Roches Roman
die Haltung dem Tod gegenüber prägt; in Ansätzen wird die Durchbrechung
der vernunftgeleiteten Verhaltensweise zugunsten einer bewußten Kultivierung des Gefühls sichtbar, wie sie - nicht nur - in der Literatur der
Zeit im Vordringen begriffen war. Brüggemanns These, "die subjektivis-
tischen Anschauungen der Sturm-und-Drang-Bewegung der siebziger Jahre"[15]
spiegelten sich in der *Geschichte des Fräuleins von Sternheim* noch nicht
wider, läßt sich also bereits an dieser Stelle in Zweifel ziehen.

Scheinbar unverändert und konventionell bleibt die Verwendung des
providentia-Motivs. Allerdings ist einschränkend zu bemerken, daß Belegen
für die Einbeziehung von *providentia* und unabänderlichem Schicksal in
diesem Kontext keine allzu große Beweiskraft zukommt: Zwar steht der
Glaube an eine nicht beeinflußbare und berechenbare, in der Figur der
Fortuna allegorisch darstellbare Gesetzmäßigkeit der Geschichte in ur-
sächlichem Zusammenhang mit stoischem Gedankengut, doch muß die Berufung
auf Schicksal, Fortuna und göttliche Vorsehung im 18. Jahrhundert durchaus

---

[13]Ebd., S.104.

[14]Ebd., S.102f.

[15]Brüggemann (Hrsg.): *Sternheim*,S.5.

nicht mehr in diesem Implikationszusammenhang stehen; der Hinweis auf die
Vorsehung kann zur puren Floskel werden.

Diese floskelhafte Konventionalität liegt den meisten einschlägigen
Belegen in La Roches Roman zugrunde. Sophie Sternheim ist die erste, die
nach ihrer unglücklichen Verbindung mit Derby vom "Verhängnis" spricht;
sie negiert den Einfluß dieser Instanz aber gerade durch einen Hinweis
auf ihr "selbstgewebtes Elend."[16] Ihre Appelle an sich selbst, "ge-
lassene Ertragung meines Schicksals," "Unterwerfung und Geduld" sowie
"Standhaftigkeit"[17] zu praktizieren, beziehen sich demnach nicht mehr
auf ein metaphysisches Schicksal, sondern stellen eigene Mitschuld am
Geschehen in Rechnung;Eigenverantwortung aber und nicht zuletzt das Ideal
tätiger Hilfeleistungen heben das quietistische Gebot der Passivität weitgehend auf.

Derby, der einzige, der außer der Protagonistin noch den Begriff der
"Vorsicht" gebraucht, tut dies, indem er sich zynisch als deren Instrument
sieht;[18] Sophie greift den Gedanken auf, weist ihn jedoch zurück:

> "O Gott, wie hart strafest du den einzigen Schritt meiner Abweichung
> von dem Pfade der bürgerlichen Gesetze! - Kann meine heimliche Heurat
> dich beleidiget haben? - Arme Gedanken, wo irret ihr umher?"[19]

Nicht als Strafe, wohl aber in der Deutung als Prüfung gelangt der
Glaube an ein ins christliche Weltbild integriertes Verhängnis, dem man
sich widerspruchslos zu fügen habe, am Ende doch noch in den Roman:

> "Schicksal! (...) Arme, arme Kreatur, mit wem rechte ich! Ich be-
> seelte Handvoll Staubes empöre mich wider die Gewalt, die mich prüft
> - und erhält. Willt du, o meine Seele, willt du durch Murren und
> Ungeduld das ärgste Übel in den Kelch meines Leidens gießen? -
> Vergib, o Gott, vergib mir."[20]

Von dieser christlichen Interpretation des eigenen Leidens wird das
ohnehin kaum ausgeprägte Passivitätsideal endgültig seiner stoizistischen
Wurzeln beraubt: Es geht nicht mehr darum, einem unumgänglichen Geschick
möglichst - innerlich - unbeschadet standzuhalten, sondern das Leiden

---

[16]La Roche, S.236.

[17]Ebd., S.239f.

[18]Vgl. ebd., S.S.301.

[19]Ebd., S.303.

[20]Ebd., S.304.

selbst erhält einen Sinn und wird konsequenterweise am Ende aller
"fürchterlichen Irrwege" mit "vollkommener Glückseligkeit" belohnt.[21]
Gleichmut und Affektkontrolle sind demnach nur noch da, wo es um
übersteigerte Leidenschaften und die generelle Bewertung des Todes geht,
mit jener älteren Doktrin vereinbar, die in Gellerts *Schwedischer Gräfin*
zwanzig Jahre zuvor noch bei weitem maßgeblicher war. Der *providentia*-
Glaube des 17. Jahrhunderts, ein Fundament des neostoizistischen Welt-
bildes, hält sich lediglich in formelhaften Hinweisen, während in den
geschilderten Fällen von tätiger Hilfeleistung und empfindsamer Rührung
Verhaltensmuster im Roman auftauchen, die den Primat vernünftigen Handelns
zumindest partiell außer Kraft setzen.

b) Hof und Landleben

Ließen sich in Gellerts *Leben der schwedischen Gräfin von G**** die empfindsamen Darstellungselemente als Verstärkung des in Ansätzen sichtbar
werdenden bürgerlichen Selbstbewußtseins werten,wird man beider Anwendung
eines ähnlichen Interpretationsmusters in La Roches *Geschichte des Fräuleins von Sternheim* zögern müssen. Im Kontext eines Romans, der akzentu-
ierter Hofkritik nicht mit dem Entwurf eines stadtbürgerlichen Gegenbildes
begegnet, sondern in eine Idealisierung des Landadels ausweicht, ver-
sagt die gängige soziologische Deutung von Empfindsamkeit. Um die politisch-
soziale Dimension des Romans einzuschätzen, hat man daher die expliziten
Figurenäußerungen zu dieser Thematik selbst heranzuziehen und sie in
Relation zueinander und zur dargestellten Wirklichkeit zu setzen.
Sophie von La Roche, selbst bürgerlicher Herkunft, aber durch die Ehe
mit dem Adoptivsohn eines Grafen in höfische Kreise eingeführt, erhebt
die Problematik der Standesunterschiede durchaus zum Gegenstand von Erörterungen innerhalb ihres Romans. Dem Geburtsadel wird in der Figur des
Oberst Sternheim schon zu Beginn die Idee des Verdienstadels entgegengehalten.[1] Bei der Diskussion über die Ehe des Obersten mit der adligen

---

[21]Ebd., S.344.

[1]Vgl. La Roche, S.19: "Ihr Verdienst, nicht das Glück hat sie er-
hoben."

Sophie spielt eben diese Frage wieder eine Rolle; zwar setzt sich die
radikal ablehnende Haltung der Schwester nicht durch, doch argumentiert
in diesem Falle selbst der Baron, der die Verbindung doch unterstützt,
sehr zurückhaltend: Er will "*Heiraten außer Stand* nicht gerne das Wort
reden"[2] und möchte lediglich der außerordentlichen Verdienste des Obersten
wegen eine Ausnahme machen; die Abgrenzung nach unten wird immer noch als
verbindliches Ideal postuliert. Zwar gilt dem Obersten und später auch
seiner Tochter eine besondere Bildung und die These vom Ursprung des
Adels in moralischen Vorzügen als Legitimation ständischer Vorrechte,[3]
doch bleibt damit die Forderung nach strikter Trennung, wie sie realgeschichtlich bereits teilweise überwunden war, bestehen. Sophie selbst,
die Protagonistin, deren Äußerungen einen hohen Stellenwert einnehmen,
greift in ihren Anweisungen zur Kindererziehung noch auf einen religiös
fundierten universalen Ordnungsgedanken zurück:

> "Reden Sie Ihnen *[* den Kindern *]* von der Ordnung, die Gott unter den
> Menschen durch die *Verschiedenheit der Stände* eingesetzt hat. Zeigen
> Sie Ihnen die *Höhere* und *Reichere,* aber auch die *Ärmere* und *Niedri-*
> *gere* als Sie sind. Reden Sie von den Vorteilen und Lasten, die jede
> Klasse hat, und lenken Sie alsdenn ihre Kinder zu einer ehrerbietigen
> Zufriedenheit mit ihrem Schöpfer, der sie durch die Eltern (...) zu
> einem gewissen Stande bestimmte."[4]

Diese zentrale Aussage definiert den Rahmen, innerhalb dessen die Kritik
an bestimmten negativen Aspekten des Hoflebens zu sehen ist. Die Erscheinungsform von Kritik ist zu Anfang die der zurückhaltenden Ironie: Sophies
zunächst noch befremdete und verständnislose Darstellung höfischer Verhaltensweisen läßt durch den Kontrast höfische Mode und höfische Konversations-
formen komisch erscheinen, ohne daß sie direkt angegriffen würden; lediglich die französische Hofkultur wird - erstaunlich genug - der Lächerlich-
keit preisgegeben.[5] Zum Lächerlichen tritt freilich als Haupteinwand der
Vorwurf moralischer Korruptheit: Der von Sophie trotz ständigen Unbeha-
gens lange nicht durchschaute Plan, sie ihren Grundsätzen zum Trotz zur

---

[2] Ebd., S.32.
[3] Vgl. ebd., S.49, 164.
[4] Ebd., S.163.
[5] Vgl. ebd., S.61-67, 128-132.

Mätresse des Fürsten zu machen, entspricht offensichtlich den höfischen
Gepflogenheiten und unterscheidet sich nur graduell von der mit größerer
Intelligenz ins Werk gesetzten Verführung durch Derby, die "Satansgestalt."[6]
Der Aufreihung moralischer Defekte folgt jedoch keine Verurteilung, sondern letztlich eine Relativierung des als zu hart empfundenen Urteils:
Nachdem angesichts der elenden Lage der Landbevölkerung der Fürst
selbst schon von jeder Schuld freigesprochen worden war,[7] erwähnt Sophie
später der Gerechtigkeit halber die positiven Seiten des Hoflebens, nämlich Bildung und Kultur[8]- für einen zu großen Teilen von Tugend und Moralität handelnden Roman ein widersprüchliches und inkonsequentes, daher
wohl auch nicht allzu stark zu wertendes Plädoyer für eine Kunst und
Ästhetik ohne moralische Basis.

"Der erste Rang des Privatstandes,"[9] das in Verwaltung und Handel tätige
Bürgertum, tritt als Gegenbild kaum in Erscheinung. Lediglich in dem Brief
Sophies an die verarmte Frau T*[10] treten neben Hinweisen zur Kindererziehung auch Ansätze zu einer bürgerlichen Haushaltslehre auf: Mäßigkeit,
Einfachheit, Sparsamkeit und Reinlichkeit werden der bürgerlichen Familie
als Vorbedingung persönlichen Glücks und beruflichen Erfolges empfohlen.
Zynismus in den Anleitungen der letztendlich recht wohlhabenden Sophie
zur klaglosen Bewältigung von Armut wird kaum intendiert und dem 18. Jahrhundert wahrscheinlich gar nicht bewußt geworden sein; dem von ideologie-
kritischer Seite erhobenen Vorwurf jedoch, es handele sich bei dem Roman
um eine Harmonisierung sozialer Widersprüche,[11] wird man, auch wenn man
ihn als literarischen Wertmaßstab nicht akzeptiert, der Sache nach Recht

---

[6]Ebd., S.122.

[7]Vgl. ebd., S.79: "Sie müssen den Fürsten nicht verurteilen; man unterrichtet die großen Herren sehr selten von dem wahren Zustande ihrer Unter-
tanen."

[8]Vgl. ebd., S.112ff.

[9]Ebd., S.163.

[10]Vgl. ebd., S.162-167.

[11]Vgl. Burghard Dedner: "Vom Schäferleben zur Agrarwirtschaft. Poesie
und Ideologie des 'Landlebens' in der deutschen Literatur des 18. Jahrhunderts", in: *Jahrbuch der Jean-Paul-Gesellschaft* 7 (1972), S.57. Die
Angriffe Dedners gipfeln in dem Vorwurf, es handele sich bei der geschilderten "Landbegeisterung" um ein "Element restaurativen Denkens und die dich-
terische Idealisierung zum Mittel der Affirmation, die nötige Veränderungen
hindert, statt sie zu fördern" (S.57) - eine Position, die Literatur letztlich nur als Katalysator gesellschaftlicher Prozesse begreift und die - als
möglich unterstellte - Umsetzung in Praxis als Wertmaßstab benutzt. Ein

geben müssen: In einer Zeit starker sozialer Umschichtungen verteidigt
die *Geschichte des Fräuleins von Sternheim* auf durchaus widersprüchliche
Weise ein festgefügtes, hierarchisches Gesellschaftsmodell, in dem der
stadtbürgerlichen Mittelschicht trotz eingestandener Schwächen des Adels
nur eine äußerst beschränkte Rolle zufällt.

Keine wirkliche Rolle spielt die bäuerliche Landbevölkerung, von der
in La Roches Roman doch so häufig die Rede ist. Die Darstellung der
ländlichen Lebensverhältnisse ist nämlich durchaus nicht so eindeutig,
wie es zunächst den Anschein haben mag. Zum einen fungiert das Land im
Sinne des traditionellen Topos des *contemptus vitae aulicae et laus ruris*
als Gegenentwurf zum Hofe;[12] die Ansätze zu Landschaftsschilderungen, stets
verknüpft mit physiokratischen Bemerkungen zur Nutzbarkeit der beschriebenen Natur, markieren empfindsame Momente größter Ferne vom Hofe:

> "Landluft, freie Aussicht, Ruhe, schöne Natur, der Segen des Schöpfers
> auf Wiesen und Kornfeldern, die Emsigkeit des Landmanns. – Mit wie-
> viel Zärtlichkeit und Bewegung heftete ich meine Blicke auf dies
> alles! Wie viel Erinnerungen brachte es in mein Herz von verflossenen
> Zeiten, von genossener Zufriedenheit!"[13]

Neben diese Szenen gerührten Naturempfindens treten Schilderungen des
Elends unter der Landbevölkerung, das Sophie als einzige der am Hofe
Lebenden wahrzunehmen scheint: Sie bedauert die

> "Menge Elender, welche Hunger und Bedürfnis im abgezehrten Gesichte
> und in den zerrißnen Kleidern zeigen (...). Dieser Kontrast wird
> meine Seele mit Jammer erfüllen."[14]

Gleichwohl dienen die Landbewohner nur als Kulisse eines letztlich doch
in der höfischen Kultur verankerten Kults des Ländlichen;[15] ihre aufge-
zeigte Not liefert Anlässe zu empfindsamem Mitleiden, ohne daß daraus
Konsequenzen gezogen würden: Die Kategorie der Rührung verdeckt die

---

solcher Maßstab, dem empirische Erfolgskontrolle dann wohl als Ideal er-
schiene, wird hier nicht angelegt; es geht zunächst um reine Deskription,
wobei allerdings schon fragwürdige Unstimmigkeiten (zum Beispiel die
völlige moralische Korruptheit und gleichzeitige Leitbildfunktion des
Hofes) innerhalb des dargestellten sozialen Modells als ästhetische
Schwächen zu werten sind.

[12]Zur Verwendung dieses Topos im 17. Jahrhundert vgl. Singer, S.131.

[13]La Roche, S.115; vgl. auch S.85 und S.241f.

[14]Ebd., S.78f. Vgl. auch S.148.

[15]Vgl. das vom Hof inszenierte ländliche Fest, ebd., S.134–153.

Ernsthaftigkeit einer Problematik, die an einigen Stellen doch wenigstens deutlich beschrieben wird;[16] die Perspektive bleibt die des Hofes.

Allenfalls in den Vertretern des Landadels, dem Oberst Sternheim, Seymour und seinem Bruder Rich, wird der aus moralischen Gründen verurteilten, aber als Norm nie wirklich preisgegebenen Welt des Fürstenhofes ein untadeliges Modell entgegengehalten. Die auf ihren Besitztümern errichteten sozialen Institutionen - von Dedner als "Idealisierung spätfeudaler Zustände"[17] denunziert - verbinden ursprüngliche Vorstellungen von den Pflichten der Aristokratie mit den Zielen sozialreformerischer Bewegungen des 18. Jahrhunderts; hinter diesem Entwurf verbirgt sich das Ideal einer harmonischen, ständisch gegliederten Gesellschaft, in welcher Konflikte, die sich bei Gellert in Ansätzen zeigten, gar nicht erst entstehen können.

c) Pädagogische Modelle

Anklänge an aufklärerisches Pathos finden sich in La Roches Roman vor allem im Zusammenhang mit den oft recht umfangreichen pädagogischen Erörterungen. Details der von den Figuren dargelegten didaktischen Modelle sind hier nicht von Interesse; von Belang ist jedoch, wie die aufklärerische Grundüberzeugung von der vernunftbedingten Erziehbarkeit des Menschen im Roman Gestalt gewinnt.

Der Brief- und Tagebuchform entsprechend geschieht dies zunächst in expliziten Bekenntnissen der Figuren selbst. Ein erzieherisches Grundkonzept entwirft Oberst Sternheim schon zu Beginn. Anläßlich eines Gesprächs über die unerläßlichen Eigenschaften seines zukünftigen Pfarrers skizziert

---

[16]Vgl. Burghard Dedner: *Topos, Ideal und Realitätspostulat. Studien zur Darstellung des Landlebens im Roman des 18. Jahrhunderts*, Tübingen 1969 (Studien zur deutschen Literatur, Bd. 16), S.54-87; Dedner deutet die Erzeugung von Rührung bei La Roche als ein beinahe didaktisches Phänomen, als "Simultaneität von Kontrast und Harmonie" (S.57). - Auf Wurzeln des empfindsamen Naturgefühls in der religiösen Lyrik des Pietismus verweist Wilhelm Spickernagel: *Die "Geschichte des Fräuleins von Sternheim" von Sophie von La Roche und Goethes "Werther"*, Greifswald 1911 (Phil. Diss.), S.60f. - Auf eine Verankerung der empfindsamen "Mitleidens- und Fühlfähigkeit" im Prozeß "einer allgemeinen Emanzipation mittlerer bürgerlicher Schichten" weist Voßkamp hin (vgl. Voßkamp, S.184); diesen Aspekt, wonach auf indirekte Weise doch gegen die explizite Intention gerichtete Positionen in den Roman eingebunden wären, übersieht Dedner.

[17]Dedner: Schäferleben, S.54.

er ein Konzept der Volksbildung, in dem aufklärerische Gedanken mit dem
schon erwähnten Postulat der Standeserziehung kombiniert werden; das
Ergebnis bleibt dann auch weit hinter ursprünglich aufklärerischen Forderungen zurück:

> "Da ich nun weit von dem unfreundlichen Stolz entfernt bin, der unter
> Personen von Glück und Rang den Satz erdacht hat, man müsse dem ge-
> meinen Mann weder aufgeklärte Religionsbegriffe geben, noch seinen
> Verstand erweitern: so wünsche ich, daß mein Pfarrer (...) zuerst
> bedacht wäre, seiner anvertrauten Gemeine das *Maß von Erkenntnis*
> beizubringen, welches ihnen zu *freudiger* und *eifriger* Erfüllung ihrer
> *Pflichten gegen Gott, ihre Obrigkeit, ihrem Nächsten und sich selbst*
> nötig ist. (...) Den Weg zu *ihren ⌐der gemeinen Leute⌐ Herzen,*
> glaube ich, könne man am ehesten durch Betrachtungen über die *physi-*
> *kalische Welt* finden, von der sie am ersten gerührt werden."[1]

Zwar wurde auch in zeitgenössischen Diskussionen die Problematik einer
schrankenlosen Aufklärung angesichts der bestehenden gesellschaftlichen
Strukturen diskutiert,[2] doch stellt das zitierte Programm eine wohl auch
für die siebziger Jahre   außerordentlich restriktive Auslegung des
Aufklärungsbegriffes dar (die gleichwohl,entgegen Petschauers Ansicht,[3]
die Volkspädagogik bis weit ins 19. Jahrhundert hinein bestimmte).

Bemerkenswert an der zitierten Stelle erscheint überdies - neben der
christlichen Ausrichtung der Aufklärung[4] - die Beschränkung auf Rührung
als Instrument der Didaktik: Nicht Persuasion, sondern das in den Bereich
des Ästhetischen hineinspielende *movere* der Rhetorik gilt als wirksames
Lehrmittel; ein reduzierter Aufklärungsbegrif fügt sich nahtlos in ein
tendenziell empfindsames Programm.

Die Deutung wäre freilich riskant, fände sie nicht Bestätigung im
weiteren Verlauf des Romans. Für die Nähe von intellektueller und affek-

---

[1] La Roche, S.42f.

[2] Vgl. etwa den die Grenzen und Gefahren der Aufklärung sehr klar ana-
lysierenden Aufsatz von Moses Mendelssohn: *Ueber die Frage: Was heißt
aufklären?*, abgedruckt in: *Ästhetische Schriften in Auswahl*, hrsg. von
Otto F. Best, Darmstadt 1974, S.266-269.

[3] Vgl. Petschauer, S.74: "Sophie LaRoche presented and stood for ideals
that were on their way out."

[4] Vgl. auch La Roche, S.314f.

tischer Bildung findet sich ein Beleg in Sophies Tagebuch, in dem sie
von dem "erhaltenen Anbau meines Geistes und meiner Empfindung"[5] spricht
(die Ackerbau-Metapher, Variante einer letztlich wohl biblisch verankerten
Tradition, taucht an vielen Stellen des Romans im Kontext von Erziehungsfragen auf und formt ein eigenes Bildfeld mit den Implikationen natürlich
reifender Anlagen bei gleichzeitiger Steuerung von außen[6]). In der Regel
zeigt der Roman allerdings die Durchführung einer begrenzten intellektuellen und betont praktisch ausgerichteten Bildung. Dabei steht die
Erziehung junger Mädchen durchaus nicht im Zentrum, wie gelegentlich in
Anlehnung an eine briefliche Äußerung der Sophie von La Roche behauptet
wird;[7] überhaupt spielen Kinder, ähnlich wie bei Gellert, nur eine sehr
untergeordnete Rolle: Ob Sophie sich um ihr anvertrautete Kinder kümmert
oder ob beispielsweise ihr Vater junge Adlige unterweist - immer steht
eine detailliert entfaltete Programmatik im Vordergrund, nicht die Zög-
linge selbst.

Das Programm intellektueller Bildung für Frauen, im Zusammenhang mit
Sophies Erziehungsversuchen nie diskutiert, sondern allenfalls aus der
Schilderung ihrer Jugend ableitbar, ähnelt noch am ehesten dem Gellert'schen Ideal
einer gemäßigten literarischen Bildung, ergänzt durch Ausbildung in
Tanz und Musik.

Den größten Teil der theoretischen Erörterungen, aber auch den der Darstellung von Erziehungsversuchen widmet der Roman jedoch dem praktischen
Aspekt von Pädagogik. Die Werte, vom Oberst Sternheim bei der Erziehung
junger Adliger vertreten, entstammen nicht der Sphäre höfischer Unterhaltung, sondern "dem glücklichen Mittelstande der menschlichen Gesellschaft"[8]: Es sind Probleme der Verbesserung in der "Austeilung der Güter,
in Besorgung der Schulen, des Feldbaues und der Viehzucht,"[9] physiokra-
tische Gedanken also, wie sie zu der Zeit gerade auch in nicht bäuerlichen

[5] Ebd., S.310.

[6] Vgl. etwa ebd., S.166, 243, 334.

[7] Vgl. Milch, S.83f.; Siegfried Sudhof: "Sophie Laroche", in: *Deutsche
Dichter des 18. Jahrhunderts. Ihr Leben und Werk*, hrsg. von Benno von
Wiese, Berlin 1977, S.304; Petschauer, S.70.

[8] La Roche, S.39.

[9] Ebd.

Schichten von beinahe modischem Interesse waren.[10]

Daneben treten Prinzipien der Haushaltslehre, deren Mißachtung, wie der Fall der von Sophie betreuten Madam T* zeigt, ins Unglück führt; Sophie fügt einem ihrer Briefe daher ein ausgearbeitetes Konzept zur rechten Haushaltsführung bei,[11] auf diese Weise an die Tradition der "Hausväter-literatur" anknüpfend. Die in ihrem Konzept geforderte rationale Lebens-gestaltung wird dabei ebenso als Standeserziehung betrieben wie Sophies spätere Versuche, ihr anvertraute Kinder in der ihnen angemessenen Hand-arbeit zu unterweisen. Allerdings ist es hier gerade der Mittelstand, dem Rationalität als Sicherung gegen die Unberechenbarkeit des Schicksals dient: Zumindest auf dem Gebiet der Bildungs- und Erziehungsnormen setzen sich Wertvorstellungen durch, die für das im Roman dargestellte höfische Personal keine Bedeutung haben und allenfalls für die Vertreter des Land-adels als verbindlich gelten.[12]

d) Das Ideal des tätigen Lebens

"Sie begnügt sich nicht gut zu denken; alle ihre Gesinnungen müssen Handlungen werden."[1]

Die am Ende des Romas derart charakterisierte Sophie bekennt sich auch an anderen Stellen ausdrücklich zum aktiven Handeln anstelle der bei Gellert noch dominierenden Passivität der Protagonisten. Sie orientiert sich an der Maxime, "daß *gute Handlungen* viel ruhmwürdiger sein als die *feinsten Gedanken*,"[2] und läßt sich von berufener Seite bestätigen, der

---

[10] Zur Bedeutung physiokratischer Theorien im 18. Jahrhundert vgl. Hans Hausherr: *Wirtschaftsgeschichte der Neuzeit vom Ende des 14. bis zur Höhe des 19. Jahrhunderts*, 3. Aufl., Köln und Graz 1960, S.277-281, und Hans Mottek: *Wirtschaftsgeschichte Deutschlands. Ein Grundriß.* Bd. 1: *Von den Anfängen bis zur Zeit der Französischen Revolution*, 2. Aufl., Berlin (Ost) 1959, S.262.

[11] Vgl. La Roche, S.162-167.

[12] Das dementsprechende Modell der Frauenerziehung stellt keinen origi-nellen Entwurf dar, sondern eher eine Reproduktion gängiger zeitgenös-sischer Vorstellungen. Vgl. etwa Joachim Heinrich Campe: *Vaeterlicher Rath für meine Tochter. Ein Gegenstück zum Theophron*, Braunschweig 1789; hier wird Aufklärung ausdrücklich als der "practische Verstand " (S.45) begrif-fen, und eines der wichtigsten Ziele für Töchter aus bürgerlichen Häusern besteht darin, "weise Vorsteherinnen des innern Hauswesens zu werden"(S.15).

[1] La Roche; S.349.

[2] Ebd., S.107.

"Endzweck unsers Daseins (...) bestehe eigentlich im Handeln, nicht im Spekulieren."[3]
Die in dieser Form noch sehr vagen programmatischen Äußerungen werden im Verlauf des Romans anhand zahlreicher Beispiele konkretisiert. Es bestätigt sich hier, was die Darstellung der pädagogischen Vorstellungen schon angedeutet hatte: Die Figuren erscheinen nicht nur, wie die Form des Briefromans es ja nahelegt, als Reflektierende, sondern als Agierende. Der Oberst ist ständig mit Verwaltungsaufgaben und landwirtschaftlichen Projekten beschäftigt, und seine Tochter Sophie, früh an "Liebe zur Ordnung und zum tätigen Leben"[4] gewöhnt,übernimmt bald die Aufgabe der Haushaltsführung. Nach dem Scheitern ihrer Ehe widmet sie sich später unter dem angenommenen Namen "Madam Leidens" ausschließlich karitativen Unternehmungen; die zahlreichen, von Sophie angeregten und detailliert beschriebenen sozialreformerischen Unternehmungen (Armenhäuser, Waisenhäuser, handwerkliche Schulung verarmter Familien) stellen eine konsequente Anwendung ihrer Maximen dar. Die ästhetische Bewältigung dieses durchaus zeitgemäßen Ansatzes muß freilich als nur begrenzt gelungen bezeichnet werden: Die Figuren sprechen zwar von Aktivität, stellen dies jedoch nur selten in narrativen Passagen dar; Handlung beschränkt sich zu einem großen Teil auf die oft jeden narrativen Rahmen sprengenden Erörterungen und Handlungsentwürfe, die weitgehend zeitgenössisches Gedankengut widerspiegeln.Auf Sophie von La Roche treffen damit die Vorwürfe zu, die Blanckenburg nur zwei Jahre später gegen moralisierende Romane erhebt:
"Freylich muß der Dichter den tugendhaften Charakter in Thätigkeit zu setzen wissen, und ihn ja nicht (...) auf bloß tugendhaft Schwatzen einschränken."[5]

---

[3]Ebd., S.127.

[4]Ebd., S.52.

[5]Friedrich von Blanckenburg: *Versuch über den Roman*. Faksimiledruck der Originalausgabe von 1774. Mit einem Nachwort von Eberhard Lämmert, Stuttgart 1965 (Sammlung Metzler, Bd. 39), S.57.

2. Empfindsame Elemente

a) Liebe, Mitleid und Melancholie

Nachdem im vorausgehenden Kapitel von Themenkomplexen die Rede war, die sich als Ausdruck einer rationalistischen Grundhaltung begreifen ließen und die dementsprechend auch teilweise in räsonierenden Passagen des Romans behandelt wurden, soll nun der im Vergleich zu Gellerts *Leben der schwedischen Gräfin von G**** bedeutend verstärkte Gegenpol untersucht werden.

Das häufig auch im Roman so bezeichnete Phänomen der Empfindsamkeit (dort im Sinne von "Sensibilität", noch nicht als Epochenbezeichnung gebraucht) tritt schon zu Beginn in der Form charakteristischer Symptome bei der Figurengestaltung in Erscheinung. Dabei dominiert zunächst das eindeutig der empfindsamen Modebewegung zuzuordnende Phänomen der Melancholie mit ihren traditionellen Ausdrucksformen.

Die Schwester des Barons P. erscheint als erste Repräsentantin des melancholischen Typus:

> "Ein stiller Gram war auf ihrem Gesichte verbreitet. Sie liebte die
> Einsamkeit, verwendete sie aber allein auf fleißiges Lesen der besten
> Bücher."[1]

Deutet diese Beschreibung noch auf die überlieferte Kombination der Melancholie mit Gelehrsamkeit, weist die "ungewöhnliche Melancholie,"[2] die bald den Oberst Sternheim befällt, in eine andere Richtung. Sie ist offensichtlich nicht in einer dauerhaften Charakterdisposition begründet, sondern auf eine - vermeintlich - unerfüllbare Liebe zurückzuführen. Diese vorübergehende Charakterwandlung bietet allerdings den Anlaß zur ersten Gestaltung einer empfindsamen Szene, die an die Ansätze zu empfindsamem Freundschaftskult in Gellerts Roman erinnert. Das Gespräch, in dem der Baron die Ursache für die Stimmung seines Freundes ergründen will, handelt nicht nur von Leidenschaften und deren Verdrängung, sondern wird

---

[1] La Roche, S.20f.
[2] Ebd., S.24.

auch von hochaffekthaltigen Gesten begleitet.[3] In ähnlichem Rahmen vollzieht sich das Liebesgeständnis Sophies: Von Schmerz, Einsamkeit, Zärtlichkeit, Bewegung der Seele und von Empfindungen ist die Rede, und die
Gesten entsprechen denen der eben erwähnten Begegnung[4]: Das erzählerisch
nachgestaltete Gespräch ist offensichtlich der Ort, an dem empfindsam
konzipierte Figuren zuerst als solche eingeführt werden können.

Die in diesem Gespräch offenbar werdende Liebe Sophies zu Sternheim
realisiert allerdings noch nicht die Vorstellungen von einer nur in sich
selbst begründeten Liebe, wie sie letztlich als Konsequenz empfindsamer
Gefühlskultur zu erwarten wäre; die Liebe wird vielmehr ausdrücklich
- dies ein rationalistisches Element ähnlich wie bei Gellert - mit der
Tugend und Klugheit des Geliebten begründet.[5] Das hier im Detail sichtbar werdende harmonische Nebeneinander von typisch empfindsamen Elementen
und rationalen Gefühlsbegründungen weist übrigens erneut und eindeutiger
als die *Schwedische Gräfin* auf die Verknüpfung von Aufklärung und Empfindsamkeit hin und belegt, daß der empfindsame Gefühlskult nicht unbedingt mit Irrationalismus gleichzusetzen ist.[6]

Physiologische Aspekte des Empfindsamkeitssyndroms, in der zeitgenössischen Kritik immer wieder betont, spielen bei der Charakterisierung
der Tochter Sophie eine Rolle. Ihre Ansätze zur Melancholie werden erklärt durch "eine allzusehr vermehrte Reizbarkeit der Nerven,"[7] eine in
den späteren Briefen von ihr selbst thematisierte Übersensibilität;
Ausdruck findet diese Veranlagung zunächst nur in dem auf ein "empfin-
dendes Herz"[8] zurückgeführten Grabkult.

---

[3]Vgl. ebd., S.24f.: "Er ging zum Obersten, fand ihn allein und nach-
denkend, umarmte ihn mit zärtlicher Wehmut. (...) 'Ich habe Sie in meinen
Armen, und sehe Sie traurig!' (...) Tränen füllten sein Auge (...). Der
Oberst stund auf, und umfaßte den Baron (...). Der Baron drückte ihn an
seine Brust."

[4]Vgl. ebd., S.27.

[5]Vgl. ebd., S.29 und 34. Lord Rich argumentiert später ähnlich im
Gespräch über "die Leidenschaft (...), die durch die Vernunft in sein Herz
gebracht wurde" (S.292).

[6]Schon Touaillon sieht bei La Roche das Nebeneinander des später Dis-
paraten, notiert ihre Beobachtung jedoch mit der fragwürdigen Dialektik
der Formel "das Äußere vom Rationalismus, das Innere von der Empfindsamkeit" (Touaillon, S.73). Milch hält die beiden Kategorien für unvereinbar:
"'Die Geschichte des Fräuleins von Sternheim' steht an der Grenze zwischen
Aufklärung und empfindsamer Schwärmerei" (Milch, S.91). Brüggemanns Fol-
gerung, die *Geschichte des Fräuleins von Sternheim* habe mit Empfindsamkeit
nichts zu tun, basiert auf einem heute nicht mehr akzeptablen Empfindsam-

Die Disposition Sophies, neben dem Melancholiker Seymour die Zentral-
gestalt im Hauptteil des Romans, bietet Anlaß, mit den Schilderungen von Rührung angesichts des Schicksals der verarmten Landbevölkerung ein weiteres Motiv
der Empfindsamkeit zu entfalten. Rührung, von Dedner und Hohendahl aus
ideologiekritischen Gründen angegriffen,[9] trägt nicht immer die senti-
mentalen Züge des *joy of grief*, der "Süßigkeit des Mitleidens;"[10] vielmehr vollzieht sich durchaus der Umschlag von Empfindung in Praxis, womit
Empfindungsfähigkeit zu einer ethischen Kategorie wird:

"Die rührende Traurigkeit, die ich auf dem Gesichte der Mutter er-
blickte, (...) zeugte von Armut und Kummer dieser kleinen Familie.
Mein Herz wurde bewegt; die Vorstellung ihrer Not und die Begierde
zu helfen, wurden gleich stark."[11]

Indem die Empfindung des Mitleids als Handlungsmotivation anerkannt wird,
vollzieht sich ein entscheidender Wandel in der Wertung des Affektbereichs. Besprochen und dargestellt wird eine durch sich selbst legiti-
mierte Empfindung. Dies zeigt sich deutlich im Kontext der Liebesproble-
matik: Ihre Mutter hatte die Liebe zum Obersten noch rational begründet;
Sophie selbst erklärt, sie wolle der Stimme ihres Herzens folgen.[12] Ihre
allen mißlichen Umständen zum Trotz nicht aufgegebene und durch nichts
begründete Liebe zu Seymour wäre in Gellerts Roman auf diese Weise noch
nicht darstellbar gewesen. Der - sicher zeittypischen - Aufwertung des
Affektbereichs entspricht auch der Umstand, daß Sophie als Erzählerin
in ihren Briefen das Phänomen ihrer erhöhten Sensibilität ausdrücklich
behandelt.

---

keitsbegriff; vgl. Brüggemann (Hrsg.): *Sternheim*, S.5 und 12.

[7]La Roche, S.51.

[8]Ebd., S.60.

[9]Vgl. Dedner: *Topos*, S.57, und Hohendahl, S.198.

[10]La Roche, S.308.

[11]Ebd., S.115; vgl. auch S.214. Die mehrfach geschilderte Korrelation
von Empfindung und Tätigkeit deckt sich mit der etwa zur gleichen Zeit
formulierten Einsicht Mendelssohns, wonach das Empfindungsvermögen die
ethische Basis für das Begehrungsvermögen abgibt; vgl. Moses Mendelssohn:
*Über das Erkenntnis-, Das Empfindungs- und das Begehrungsvermögen. Juni
1776*, abgedruckt in: *Ästhetische Schriften*, S.271.

[12]Vgl. La Roche, S.67.

"Die seltene Empfindsamkeit meiner Seele"[13] nennt sie ihre "von Jugend
auf genährte Empfindsamkeit"[14] und läßt gleich eine grob skizzierte
Typologie der Empfindsamkeit folgen.

Besonders der selbstreflexive Grundzug, die Darstellung von Empfindung
also, kombiniert mit der Reflexion über Empfindung, weist den Roman als
ein "Spätwerk" der empfindsamen Bewegung aus; was sich bei Gellert erst
allmählich in der Darstellung ankündigte, wird hier als Phänomen bereits
ausdrücklich thematisiert (was sicherlich erleichtert wurde dadurch, daß
die Lehnübersetzung "Empfindsamkeit" zur Entstehungszeit der *Sternheim*
bereits als Schlagwort präsent war). Der in diesen Momenten neben der
Empfindsamkeit aufscheinende aufklärerisch-rationale Grundzug des Romans
verbleibt jedoch, ähnlich wie die Schilderung empfindsamer Freundschafts-,
Liebes- und Mitleidsszenen, weitgehend im Bereich des Vorgegebenen und
Formelhaften. *"Kenntnisse des Geistes, Güte des Herzens"*[15] - dieses
harmonisierende Postulat als Quintessenz der Überlegungen zum richtigen
Verhältnis der einzelnen Seelenvermögen hätte so auch bei Gellert formu-
liert werden können; die Distanz zwischen Gellerts *Leben der schwedischen
Gräfin von G**** und der zwanzig Jahre später erschienenen *Geschichte des
Fräuleins von Sternheim* ist immer noch geringer als die zwischen La Roches
Roman und dem nur drei Jahre später erschienen *Werther*, in mancher Hin-
sicht einem Kulminationspunkt der empfindsamen Bewegung.

b) Zum Begriff der Tugend

Stärker noch als in Gellerts Roman wird Tugend zu einem Schlüsselbegriff
in der *Geschichte des Fräuleins von Sternheim*. Das Ideal der "übenden
Tugend,"[1] die praktische Variante des Tugendbegriffs, steht dabei in
fester Korrelation zu Darstellungen mit empfindsamen Zügen. Tugend wird
nicht mehr verstanden als ein geschlossener Katalog von Pflichten, der
noch den Bezirk rationalen Handelns im Bereich der Hauswirtschaft umfaßt; auch wenn bei Sophie noch von "Pflichten, welche Menschlichkeit und

---

[13]Ebd., S.107.
[14]Ebd., S.214.
[15]Ebd., S.345.
[1]La Roche, S.133.

Religion den Begüterten auflegen,"[2]die Rede ist,klassifiziert der Begriff
der Tugend vor allem die Empfindung des Mitleids und die daraus resultie-
renden Handlungen, die dann ihrerseits Rührung bei den Empfängern von
Wohltaten wie auch bei den Gebern selbst hervorrufen. Der zugrundeliegende
Tugendbegriff entstammt offensichtlich der pietistisch gefärbten moral-
philosophischen Deutung der Empfindsamkeit; von satirischer Polemik gegen den an Empfindsamkeit gebundenen Tugendbegriff findet sich
bei La Roche noch nichts.[3]

Nicht ganz einfach ist es, den emotional begründeten Tugendbegriff
inhaltlich zu füllen. Deutlich wird jedoch von Anfang an eine Verknüpfung
mit religiösen Geboten: So dürften wohl das Gebot der "Menschenliebe,"[4]
die biblische "Tugend der Nächstenliebe"[5] und das Gebot der Feindesliebe[6]
der Kategorie der Tugend zu subsumieren sein; daß Tugend, die "göttliche
Sittenlehre," in einem Brief Sophies als Voraussetzung für die Erlangung
der ewigen Glückseligkeit dargestellt wird, stützt diese These.[7] Die
begriffliche Nähe führt sogar zu einer im religiösen Kontext erstaunlichen Personifikation:

> "Die Tugend, hoffe ich, wird mein Flehen erhören, und meine bestän-
> dige Begleiterin sein."[8]

Die Tendenz zur Verselbständigung des Tugendbegriffs, wie er auch in
anderen Formulierungen wie der vom "geheiligten Namen der Tugend"[9] an-
klang, wird hier eindrücklich dokumentiert: Noch halb im System biblischer
Gebote verankert, löst sich der Begriff der Tugend aus dem religiösen
Kontext und wandert in den Bereich empfindsamer Mitleidsethik. Dabei wird

---

[2]Ebd., S.117. Vgl. an dieser Stelle auch die charakteristische Reak-
tion auf Sophies Tugend in einer Szene, in der von Jammer, Wehmut, äußers-
ter Bewegung, Sophies edlem Herzen, Weinen und Umarmungen gesprochen wird.

[3]Vgl. etwa Karl Daniel Küsters Artikel "Empfindsam" von 1773, abgedruckt
in Doktor/Sauder, S.9:"Der Ausdruck: ein *empfindsamer Mensch*, hat in der
deutschen Sprache eine sehr edle Bedeutung gewonnen. Es bezeichnet: *die
vortrefliche und zärtliche Beschaffenheit des Verstandes, des Herzens und
der Sinnen, durch welche ein Mensch geschwinde und starke Einsichten von
seinen Pflichten bekömmet, und einen würksamen Trieb fühlet, Gutes zu
thun."* - Vgl. auch die Polemik in Friedrich Maximiliam Klingers *Betrachtungen und Gedanken über verschiedene Gegenstände der Welt und der Literatur,* abgedruckt in Doktor/Sauder, S.50-54. Zur Opposition von Tugend
und Empfindsamkeit in zeitgenössischen Prüfungsromanen vgl. Eva D. Becker:
Der deutsche Roman um 1780, Stuttgart 1964 (Germanistische Abhandlungen 5),
S.80.

[4]La Roche, S.87.

[5]Ebd., S.110.

er inhaltlich entleert und, im Sinne der eingangs erwähnten Szene, auf
eine Kategorie der Wirkung reduziert: Tugend ist, was Anlaß zur Rührung
bietet.

Dem entspricht die von Oberst Sternheim selbst vorgenommene Reduktion
religiöser Wahrheiten auf nützliche Anwendungen und Lehrsätze für den All-
tag.[10] Legte man die reduzierte Sicht dieser Figurenäußerung zugrunde und
versuchte man, aus dieser Religionsvorstellung das System von Tugenden
abzuleiten, ergäbe sich ohnehin nur ein logischer Zirkel: Tugendgemäß
wären dann die Handlungsanweisungen, durch welche Religion erst definiert
wird.

Parallel zur empfindsamen Umwandlung des Tugendbegriffs vollzieht sich
eine religiöse Selbststilisierung der empfindsamen Sophie Sternheim.
Seymour ist der erste, der sie gewissermaßen als Heilige sieht:

"Wir beurteilten und verdammten sie alle; aber sie - wie edel, wie
groß wird sie, in dem Augenblick, da ich sie für erniedrigt hielt!
Sie segnete in der weißen Maske mich wütenden Menschen."[11]

Seymour ist es auch, der sie dann als das "Bild der leidenden Tugend"[12]
zur Märtyrerin stilisiert. Sophie selbst greift dieses Bildfeld auf, wenn
sie ihr Geschick als von Gott verhängte Prüfung begreift:

"Willt du, o meine Seele, willt du durch Murren und Ungeduld das
ärgste Übel in den Kelch meines Leidens gießen?"[13]

Die Deutung am Schluß, wonach die "Irrwege" letztlich in einem Zustand
"vollkommener Glückseligkeit"[14] enden mußten, transponiert ebenfalls
romanästhetische Gebote in eine religiöse Sinndimension. Auch wenn man
vielleicht nicht so weit gehen sollte wie Christine Touaillon, die den
gesamten Roman theologisch als Folge von "Versuchung, Erniedrigung und

---

[6]Vgl. ebd., S.296.

[7]Ebd., S.270; vgl. auch S.163.

[8]Ebd., S.240f.

[9]Ebd., S.177.

[10]Vgl. ebd., S.41f.

[11]Ebd., S.209.

[12]Ebd., S.263.

[13]Ebd., S.304.

[14]Ebd., S.344.

Erhöhung," "Gnadendurchbruch" und "Bußkrampf"[15] (sic!) deutet, sind die
Indizien für eine religiöse Überhöhung der Protagonistin hinreichend deutlich. Die - möglicherweise pietistisch verankerte - Ausprägung, die
Religion in der *Geschichte des Fräuleins von Sternheim* findet, ist demnach primär die eines wertbesetzten Bezugsrahmens: Eine empfindsame
Tugendvorstellung etabliert sich gewissermaßen als Ersatzreligion, und
auf ähnliche Weise stehen religiöse Begriffe zur Verfügung, um auf die
Figuren projiziert zu werden. Als eigenständiger Bereich existiert Religion hier so wenig wie in Gellerts Roman; die rationalistische Sicht
auf Tugend und Religion bei Gellert ist jedoch einer völlig anders-
artigen Umdeutung gewichen.

3. Probleme der Form

a) Poetologische Anmerkungen

Durchaus widersprüchlich und noch mit Zeichen des Umbruchs behaftet er-
scheinen die wenigen, verdeckten Äußerungen Sophies zu Grundfragen der
Ästhetik. Während Sophies Briefe selbst keineswegs frei von reflektierenden
Passagen und kleineren Abhandlungen sind, weist ihr anfangs formuliertes
Briefprogramm eher auf eine unreflektierte Haltung hin. Zunächst äußert
sie zwar, dem Wunsch ihres Briefpartners entsprechend, sie wolle,

> "wie es der Anlaß gebe, das, was mir begegnet, und meine Gedanken
> dabei aufschreiben;"[1]

schon bald aber erklärt sie den Brief ausdrücklich zu einem Medium der
unreflektierten Darstellung der eigenen Gefühlsverwirrung und bittet ausdrücklich den Adressaten um die ihr selbst nicht mögliche Deutung.[2]
    Der Inhalt des Briefes wäre somit - zumindest der geäußerten Intention

---

[15]Touaillon, S.104. Vgl. auch die Anmerkungen zur Vermischung religiöser und erotischer Vorstellungen im Begriff der Unschuld in Richardsons
Romanen bei H/⁻ellmuth_7 Petriconi: *Die verführte Unschuld. Bemerkungen
über ein literarisches Thema*, Hamburg 1953 (Hamburger Romanistische Studien. A. Allgemeine Romanistische Reihe, Bd. 38), S.54.

[1]La Roche, S.64.

[2]Vgl. ebd., S.68f., S.76f.

nach - eher Gefühlsausdruck als Reflexion (aus der gleichen Sicht heraus
nennt Rich später Sophies Tagebuch das "Urbild Ihrer Empfindungen"[3]);
dem entspricht etwa die mißbilligende Einschätzung als "der schwärme-
rische Briefwechsel,"[4] womit die Hofgesellschaft, einen Terminus der
Empfindsamkeitskritik aufgreifend, Sophies Korrespondenz als übertriebene
Gefühlsdarstellung abqualifiziert. Auch die Form der Briefe entspricht,
wo nicht gerade räsonierende Passagen dominieren, sehr wohl dem empfindsamen Konzept: Die fingierte Dialogsituation, in vielen Briefen zugrunde-
gelegt,[5] führt zwar nicht notwendig zu einem empfindsamen Briefwechsel,
stellt jedoch eine seiner Bedingungen dar.

Diesen Ansätzen zu einem am empfindsamen Gefühlsausdruck orientierten
Briefprogramm entsprechen zwei Hinweise auf Kunst und Geschmack im allgemeinen: Zum einen wird in der schon zitierten Bemerkung über die Rehabilitierung des Hofes um der dort gepflegten Künste willen eine Kunst
ungeachtet ihrer moralischen Basis akzeptiert; an anderer Stelle bekennt
Sophie, in der "Beurteilung der Werke des Geistes" sei sie durch "richtige
Empfindung" berechtigt, ihre "Gedanken so gut als andre zu sagen."[6] Was
hier terminologisch noch nicht sehr weit von Gottscheds Geschmacksbe-
griff entfernt zu sein scheint, wird durch den Kontext beinahe zu dessen
Antithese: dem "Herzen" wird an dieser Stelle der gleiche Rang wie dem
intellektuellen Urteilsvermögen eingeräumt.

Den Hinweisen auf eine nicht mehr den rationalistischen Beschränkungen
unterworfene Auffassung von Kunst und Literatur stehen in La Roches Roman
jedoch eine große Zahl von Belegen für eine gegenteilige Position gegenüber. Bezeichnend für diese ältere, didaktische Literaturauffassung ist
schon die sehr distanzierte Vorrede Wielands. So unterstellt er, wohl
aus Skepsis gegenüber dem Roman, es komme der Autorin "weniger auf die
Schönheit der Form als auf den Wert des Inhalts"[7] an; auch sei der durch
die *Geschichte des Fräuleins von Sternheim* und das darin geschilderte

---

[3]Ebd., S.341.

[4]Ebd., S.105.

[5]Vgl. etwa den Briefanfang, S.95: "O meine Emilia! wie nötig ist mir
eine erquickende Unterhaltung mit einer zärtlichen und tugendhaften
Freundin!"

[6]Ebd., S.127.

[7]Ebd., S.13.

"tugendhafte Beispiel der Familie Sternheim"[8] erreichte Nutzen der
eigentliche Grund der Publikation gewesen. Die gelegentlich korrigieren-
den Anmerkungen, die Wieland dem Roman beifügt, verraten ebenfalls das
Interesse an inhaltlicher Richtigkeit.

Sophies eigene Beurteilung der höfischen Komödie, indirekt durchaus
als poetologische Anmerkung zu werten, entspricht dem didaktisch-moralis-
tischen Kunstbegriff der Vorrede (und steht übrigens im Widerspruch zu
Sophies Verteidigung des Hofes aus künstlerischen Gründen): Da sie ihr
Interesse in allen Bereichen

> "mehr auf das Einfache und Nützliche lenkte als auf das Künstliche
> und nur allein Belustigende,"[9]

empfindet sie nichts für die dargestellten Figuren. Sonst eher mit der
Lektüre von "trocknen Moralisten"[10] beschäftigt, wertet sie die Oper
lediglich als etwas Lächerliches und Unnatürliches, wobei sie ihre
Argumentation, hier wieder in Übereinstimmung mit den Urteilen Gottscheds,
am Postulat der Wahrscheinlichkeit ausrichtet.

In einer Erörterung über Jugenderziehung gestattet Sophie zwar ausdrücklich die Lektüre von Romanen, grenzt diese jedoch ein auf solche,
die - wie La Roches Roman selbst - über positive Vorbildfiguren belehren:
Zugelassen sind ausschließlich Romane, "worin die Personen nach edlen
Grundsätzen handeln (...). Moralische Gemälde von Tugenden aller Stände."[11]

Emilias Schwester schließlich, die Erzählerin der ein- und überleitenden
Rahmenpassagen und fingierte Herausgeberin der Briefe, wendet das didaktische Deutungsmuster ausdrücklich auf die vorgelegte Briefsammlung an.
Sie bezieht sich auf die Struktur des Prüfungsromans, in dem Schwierigkeiten

> "den schönen Plan eines glücklichen Lebens (...) auf einmal zer-
> störten, aber durch die Probe, auf welche sie ihren /¯Sophies_7
> innerlichen Wert setzten, ihre Geschichte für die Besten unsers Ge-
> schlechts lehrreich machen."[12]

---

[8]Ebd., S.12. Ganz anders, nämlich mit der Kategorie des Wahrscheinlichen
anstelle des Exemplarischen, argumentiert Wieland beispielsweise in der
Vorrede zu seinem *Agathon*; vgl. Christoph Martin Wieland: *Geschichte des
Agathon*. Erste Fassung, unter Mitwirkung von Reinhard Döhl hrsg. von Fritz
Martini, Stuttgart 1979 (RUB Nr. 9933), S.5-11.

[9]La Roche, S.107.

[10]Ebd., S.80.

[11]Ebd., S.272.

[12]Ebd., S.61.

Nachdem Sophie aus den Täuschungen am Hofe herausgefunden hat und tatsächlich zur Verkörperung des Tugendideals im Roman geworden ist, knüpft
Mylord Rich im Schlußbrief an die Eingangsthese von der Nützlichkeit
des vorliegenden Briefromans an und formuliert am Ende eine resümierende
Deutung des geschilderten Lebensweges. Das Romangeschehen gerät ihm dabei
zur Beweisführung, zum Nachweis der Möglichkeit von Moralität anhand
einer exemplarischen Figurenkonstellation:

> "Wie viel Segen, wie viele Belohnungen verdienen die, welche uns
> den Beweis geben, daß alles, was die Moral fodert, möglich sei, und
> daß diese Übungen den Genuß der Freuden des Lebens nicht stören,
> sondern sie veredeln und bestätigen, und unser wahres Glück in allen
> Zufällen des Lebens sind."[13]

b) Zur Struktur des Romans

Der für die *Geschichte des Fräuleins von Sternheim* charakteristische
Wechsel von räsonierenden und narrativen Passagen wird durch die Technik
des Briefromans erheblich erleichtert. Mit Ausnahme der fingierten Herausgeberin der Briefe und Tagebuchblätter gibt es keine durchgehende Erzählerin mehr, womit auch das Problem der Überleitung und Einfügung von
Reflexionen sich kaum noch stellt: Die Gattung des Briefes legt die
Gleichzeitigkeit von Erzählung und Deutung geradezu nahe, und die Möglichkeit, einen Brief an nahezu beliebiger Stelle abzubrechen, erlaubt es,
die Erzählausschnitte zu wählen, ohne Mittel der Raffung oder Überbrückung
zu verwenden. Hinzu kommt die von La Roche mehrfach genutzte Möglichkeit,
durch Verwendung von Parallelbriefen[1] unterschiedlicher Schreiber ein
Geschehen aus verschiedenen Perspektiven deutend darzustellen.

Das Gewicht, das den deutenden und reflektierenden Passagen innerhalb des Romans zukommt, weist, stärker noch als bei Gellert, auf den
rationalistischen und didaktischen Grundzug hin. Unabhängig von der Stufe
der Handlungsentwicklung durchziehen diese Passagen in gleichmäßiger Ver-

---

[13] Ebd., S.349.

[1] Zum Terminus vgl. Volker Neuhaus: *Typen multiperspektivischen Erzählens*, Köln 1971 (Literatur und Leben, N.F., Bd. 13), S.59ff.

teilung alle Briefe, besonders aber die Sophies; ihre Form reicht von einfachen Sentenzen über die Wiedergabe geäußerter Gedanken bis zu längeren, rein brieflichen Reflexionen und eingeschobenen Abhandlungen mit Exkurscharakter. Inhaltlich erstrecken sich diese Passagen von kurzen Beobachtungen zum Hofleben über Moraldiskussionen bis hin zum Entwurf ganzer Lebens- und Erziehungsprogramme.[2] Die Integration dieser sich gelegentlich verselbständigenden Elemente wird durch die Briefform noch gewährleistet. Mit diesen rationalistischen Relikten direkter Didaktik bleibt Sophie von La Roche jedoch hinter den zeitgenössischen Entwicklungsmöglichkeiten der Gattung zurück, wie sie wenig später etwa Goethes *Werther* demonstriert; auch die zeitgenössischen theoretischen Forderungen orientieren sich nicht mehr am Modell der *Geschichte des Fräuleins von Sternheim*.[3]

Das den Briefen zugrundeliegende erzählte Geschehen (strenggenommen wären noch die Ebenen des erzählten Geschehens und die zeitlich davon ja noch getrennte Ebene des Briefschreibens zu unterscheiden) unterliegt den Bedingungen des Prüfungs- und Bewährungsschemas. Beginnend mit der Reise an den Hof (und vorher schon mit dem Tod des Vaters),wird Sophie immer neuen Bedrohungen ausgesetzt, die sie nur langsam und vollständig erst nach der schmerzlichen Erfahrung der falschen Ehe zu durchschauen beginnt; die Diskrepanz zwischen ihrem eigenen Grad von Einsicht, durch Leichtgläubigkeit und auch Eitelkeit getrübt, und dem tatsächlichen Charakter der Bedrohungen wird dabei durch wechselnde Schreiberperspektiven sichtbar gemacht. Die am Schluß erfolgende theologische und moraldidaktische Deutung der Prüfungen und Irrwege belegt zudem, daß die grundlegende Handlungsstruktur - eine exemplarische Biographie, die den letztendlichen Sieg moralischer Integrität über alle Widrigkeiten demonstriert - sehr bewußt konzipiert worden ist und sich letztlich aus dem didaktischen

---

[2] Vgl. etwa den rein dozierenden Brief an Frau T* in La Roche, S.162-167.

[3] Vgl. Blanckenburg, S.253: "Er /¯der Dichter_7 muß sich nicht geradeswegs zum Lehrer aufwerfen; noch weniger müssen es seine Personen (...). Menschen (...) können unmöglich auftreten, und geradeswegs Vorlesungen über die Moral (...) halten." Vgl. auch den Begriff der "anschauenden Erkenntnis" durch Dichtung bei Moses Mendelssohn: *Von der Herrschaft über die Neigungen*, abgedruckt in: *Ästhetische Schriften*, S.166-172.

Anspruch der räsonierenden Passagen ableiten läßt: Das Geschehen illustriert den Sieg der Prinzipien, die von Anfang an als richtige vorgege-
ben sind.

Zeit spielt hier eine bedeutsamere Rolle als in Gellerts Roman: Zwar
wird nicht das Altern selbst thematisiert (zwischen Sophies Ankunft am
Hof und ihrer Befreiung aus Schottland liegen etwa vier Jahre; nimmt
man den ersten Teil hinzu, schildert der Roman beinahe das Leben zweier
Generationen[4]), bedeutsam wird Zeit aber als Zeit des Leidens; das Tagebuch aus Schottland enthält erstmals genaue Datierungen und Hinweise
auf die vergehende Zeit von der Ankunft bis hin zum vermeintlich nahen
Tode. Zeitliche Dauer rückt demnach dann ins Blickfeld, wenn sie die
Intensität des Leidens verstärken kann; Zeit wird zum unterstützenden
Element in den Prüfungssituationen und damit ein Aspekt der Struktur von
großer Bedeutung für die Intention des Werkes.

Der Bewährungsstruktur entsprechend orientiert sich die Verknüpfung
der Begebenheiten weniger an den pragmatischen Kategorien der Wahrschein-
lichkeit und glaubwürdigen Motivation als an den Erfordernissen der
Gattung. Zwar häufen sich die unwahrscheinlichen Zufälle nicht in der
Form wie am Schluß der *Schwedischen Gräfin*, doch folgt auch der Lebensweg
Sophies mit seinen Zufällen, die Sophie immer wieder mit den gleichen
Figuren zusammenführen und schließlich sogar den Geliebten Seymour und
den Freund Rich als Brüder ausweisen, kaum dem Prinzip der Wahrschein-
lichkeit. Daß damit die Handlungsstruktur eher unter die Kategorie des
Wunderbaren fällt, ist auch zeitgenössischen Rezensenten nicht entgangen.[5]

Als bedeutsam für die Weltdeutung des Romans erweist sich auch die
Relation zwischen Vorgeschichte und dem Geschehen des eigentlichen Briefromans: Figurenkonstellation, Anschauungen und Handlungen der Figuren
stehen nämlich in einem Verhältnis spiegelbildlicher Ähnlichkeit. Sophie
Sternheim unterscheidet sich kaum von ihrer Mutter Sophie, Seymour ähnelt

---

[4]Eine genaue Analyse der Zeitstruktur anhand von Hinweisen in den
Briefen findet sich bei Ernst Theodor Voss: *Erzählprobleme des Brief-
romans dargestellt an vier Beispielen des 18. Jahrhunderts (...)*,
Bonn 1960 (Phil. Diss., 1958), S.49-57.

[5]Vgl. die möglicherweise von Sulzer stammende Rezension in der *Allgemeinen Deutschen Bibliothek*, abgedruckt in: La Roche, S.369.

am Ende deutlich dem Oberst Sternheim, und beide setzen am Schluß auf ihrem Gut in England die karitativen Unternehmungen fort, die Oberst Sternheim in Deutschland begonnen hatte. Fast wie in der *Schwedischen Gräfin*, ganz anders aber als bald darauf im *Werther*, ist von einem Generationenkonflikt noch nichts spürbar. Die grundsätzlich identische Struktur der beiden Teile, die das Zentralgeschehen lediglich zu einer ausgeweiteten und um die Prüfungssituationen angereicherten Wiederholung der Vorgeschichte werden läßt, weist auf ein statisches Weltmodell hin, in dem richtiges Verhalten an eine zeitlose Moral und Vernunft gebunden ist. Die Wiederholungsstruktur erweist sich damit als ein weiteres Indiz für die vielfältigen Berührungspunkte zwischen Gellerts *Leben der schwedischen Gräfin von G**** und Sophie von La Roches *Geschichte des Fräuleins von Sternheim*.

III. SCHWIERIGKEITEN EINER VERGLEICHENDEN WERTUNG

Die Untersuchung von Gellerts *Leben der schwedischen Gräfin von G****
und der *Geschichte des Fräuleins von Sternheim* der Sophie von La Roche
hat - ohne daß hier die Einzelergebnisse noch einmal gegenübergestellt
werden sollen - deutlich werden lassen, daß sich vielfältige, häufig
parallele Fragestellungen zu beiden Romanen durchaus unter die nicht durchgehend konträren Begriffskomplexe von Aufklärungsrationalität und Empfindsamkeit subsumieren lassen. Wenn sich auch nicht alle beobachteten Einzel-
phänomene und Erscheinungsformen von Rationalität und Emotionalität auf
den Typus des empfindsamen Aufklärungsromans beschränken lassen und die
Gemeinsamkeiten also noch nicht den empfindsamen Aufklärungsroman schlechthin definieren, lassen sich doch von der Figuren-, Orts- und Zeitgestal-
tung über thematisierte Probleme und Wertvorstellungen bis hin zu poetologischen Äußerungen und Implikationen der Romanstruktur hinreichende
Gemeinsamkeiten feststellen. Da die Annahme eines Typus ohnehin nicht an
eine nahezu vollständige Identität der Romane gebunden war, sondern Unter-
schiede voraussetzte, ist die Differenz zwischen beiden Romanen von beinahe größerem Interesse. Als besonders auffällig erwies sich dabei in La
Roches Roman eine deutlich stärkere Betonung des Affektbereichs, ohne
daß die rationalistisch-didaktischen Elemente völlig verschwunden wären.
Eine Akzentverschiebung ist jedoch nicht zu übersehen: Während besonders
die stoizistischen Wertvorstellungen, die bei Gellert noch das Handeln
der Protagonisten bestimmten, fast völlig eliminiert sind, treten Wertvorstellungen und Handlungsweisen, die man dem Gefühlskult der empfindsamen Strömung zurechnen muß und die bei Gellert erst in Ansätzen vor-
liegen, unübersehbar in den Vordergrund. Gleichzeitig allerdings erwiesen
sich die soziologisch orientierten Deutungsmuster im Falle der *Geschichte
des Fräuleins von Sternheim* als untauglich: Die im Roman dargestellte
und propagierte Welt ist keine bürgerliche, sondern eine streng aristo-
kratische; der Roman bliebe also, wählte man die reale historische Entwicklung als ästhetischen Maßstab, hinter Gellerts *Leben der schwedischen
Gräfin von G**** zurück.
    Damit taucht zugleich ein Problem auf, das jeder Vergleich, insbe-
sondere aber einer zwischen zwei verwandten und historisch nicht allzu-

weit voneinander entfernten Werken, nach sich zieht, nämlich die viel-
diskutierte Frage der Wertung ästhetischer Qualität.

Wenn man die hier nicht untersuchten stilistischen Fragen und die
für das frühe 18. Jahrhundert nur bedingt gültige Kategorie der Originalität ebenso beiseite läßt wie ideologische Wertungsansätze, bleibt
die Verschiebung auf der durch die Pole Rationalität und Empfindsamkeit
markierten Skala die einzige Grundlage. Hier eine Wertung vorzunehmen,
ist jedoch nahezu unmöglich. Zum einen lassen sich, wie gezeigt, rationale Elemente nicht auf bestimmte Teilaspekte, etwa die Handlungsmoti-
vierung der Protagonisten, einschränken; formal gesehen wird die *Geschichte
des Fräuleins von Sternheim* viel häufiger durch didaktische und moralisierende Passagen unterbrochen als der allenfalls mit Sentenzen, nicht
aber mit Erörterungen und Reflexionen durchsetzte Roman Gellerts. Zum
anderen gibt es keinen ersichtlichen Grund, "Modernität" als die pure
Übereinstimmung eines Werkes mit einer literaturgeschichtlichen Weiter-
entwicklung zum Maßstab literarischer Qualität zu nehmen. Weder kann man
die Ansätze zur Reflexion als Vorgriff auf ähnliche Tendenzen in den
Romanen der folgenden Zeit hervorheben (die Wendung nach innen im *Werther*
oder etwa im *Anton Reiser* hat überdies kaum noch etwas mit Sophies "vernünftigen" Abhandlungen zu tun), noch läßt sich das Überwiegen narra-
tiver Elemente besonders im zweiten Teil der *Schwedischen Gräfin* gegen
die Handlungsarmut mancher Briefe Sophies ausspielen: Schon im 18. Jahrhundert stand die Gattung des Romans den unterschiedlichsten Tendenzen
offen.

Erwägenswert bleibt allerdings die Frage nach dem Verhältnis der beiden Romane zur entstehenden Trivialliteratur des 18. Jahrhunderts.
Greiners Vorwurf, Gellerts Roman stelle eine "Verabsolutierung einer
geistigen Mittellage" dar und schaffe "eine Zone der Banalität, einen
Sperr- und Bannkreis der Mittelmäßigkeit,"[1] verkennt möglicherweise die
spezifischen Intentionen des Aufklärungsdichters und setzt einen Anspruch voraus, der erst viel später, bei Wieland oder Goethe etwa, eingelöst wurde. Meyer-Krentlers Nachweis, daß Gellerts Roman gerade
etablierte Lesererwartungen durchkreuzt und damit durchaus nicht einem
bestehenden Bereich des Trivialen zuzurechnen ist, stellt hier wohl eine

---

[1] Greiner, S.32.

angemessenere Beurteilung dar.[2]

Bedenkt man, daß die Entwicklung der Massenliteratur in Deutschland in den siebziger Jahren einsetzt, bleibt Gellert ohnehin historisch unverdächtig. Die *Geschichte des Fräuleins von Sternheim* jedoch ist durchaus schon vor diesem Hintergrund zu sehen. Was zunächst als Teilhabe am gattungsgeschichtlichen Fortschritt erschien, nämlich die verstärkte Darstellung von Emotionen und "rührenden" Szenen, erweist sich nunmehr als untaugliches Bewertungskriterium: Aus der empfindsamen Strömung heraus erwuchs erst jene massenhaft verbreitete Unterhaltungsliteratur als konsequente Umsetzung rein wirkungsästhetischer Kunstauffassungen.[3] Der Stellenwert der *Sternheim* ließe sich hinlänglich erst anhand eines genauen Vergleichs ermitteln; ihr Einfluß auf die entstehende Unterhaltungsliteratur ist unbestritten. Als Anregung und Maßstab für die einsetzende Bewegung käme ihr dann aber sicherlich ein höherer Rang zu.[4]

Zu fragen bleibt freilich, ob eine kategoriale Trennung von Kunstroman und Trivialroman um 1770 schon legitim ist; das Phänomen des Trivialromans drang offensichtlich erst ein Jahrzehn später ins allgemeine Bewußtsein und provozierte verspätete kritische Reaktionen.[5]

Eine vergleichende Wertung der beiden untersuchten Aufklärungsromane erweist sich somit als äußerst problematisch und zudem wenig sinnvoll. Es konnte jedoch gezeigt werden, daß mit Sophie von La Roches *Geschichte des Fräuleins von Sternheim* die Gattung des empfindsamen Aufklärungs-

---

[2]Vgl. Meyer-Krentler, besonders S.147ff. Zur Rezeptionshaltung des Lesers von Trivialliteratur vgl. Jochen Schulte-Sasse: *Die Kritik an der Trivialliteratur seit der Aufklärung. Studien zur Geschichte des modernen Kitschbegriffs*, München 1971 (Bochumer Arbeiten zur Sprach- und Literaturwissenschaft, Bd. 6), S.27: "Der Kitschleser braucht bekannte Wendungen und vertraute Situationen, mit deren Hilfe er immer wieder die erwünschten Stimmungen in sich neu erzeugen kann. Die erstarrten Bilder und gleichbleibenden Motive sind die erprobten und bewährten Stimulantien für die angestrebte Genüßlichkeit."

[3]Vgl. Schulte-Sasse, S.14 und 29-43.

[4]Vgl. Flessau, S.57: "Der Maßstab, den Sophie La Roches Werk für die gehobene Unterhaltungsliteratur des 18. Jahrhunderts setzte, wurde selten erreicht oder gar übertroffen." Die *Geschichte des Fräuleins von Sternheim* sei demnach kaum weniger wirksam auf die Romanproduktion der Zeit gewesen als Wielands *Agathon* oder Goethes *Werther*.

[5]Vgl. Becker, S.1; Schulte-Sasse, S.51-62.

romans an eine Grenze stößt; die Verknüpfung einer auf moralisierende
Anmerkungen reduzierten Aufklärungshaltung mit rührenden und empfindsamen Elementen, gruppiert um eine an Prüfungs- und Bewährungssituationen
reiche Biographie, ließ sich in dieser Form nicht mehr fortsetzen: Die
nur noch unterhaltende Massenliteratur trat das Erbe einer Gattung an,
deren Beginn in Deutschland mit Gellerts *Leben der schwedischen Gräfin
von G**** datiert und an deren Endpunkt die *Geschichte des Fräuleins von
Sternheim* der Sophie von La Roche steht.

ABKÜRZUNGSVERZEICHNIS

Diss. (masch.)   Dissertation (maschinenschriftlich)

DVjs   *Deutsche Vierteljahrsschrift für*
                        Literaturwissenschaft und Geistes-
                        geschichte

N.F.   Neue Folge

PMLA   *Publications of the Modern Language*
                        Association of America

RGG   *Die Religion in Geschichte und Gegen-*
                        wart. Handwörterbuch für Theologie
                        und Religionswissenschaft. Dritte,
                        völlig neubearbeitete Aufl., hrsg.
                        von Kurt Galling. 6 Bde., Tübingen
                        1957 – 1962

RUB   Reclams Universal-Bibliothek

stw   suhrkamp taschenbuch wissenschaft

UTB   Uni-Taschenbücher

LITERATURVERZEICHNIS

A. TEXTE

Blanckenburg, Friedrich von: *Versuch über den Roman*. Faksimiledruck der
   Originalausgabe von 1774. Mit einem Nachwort von Eberhard Lämmert,
   Stuttgart 1965 (Sammlung Metzler, Bd. 39)

Bodmer, Johann Jakob und Breitinger, Johann Jakob: *Schriften zur Literatur*,
   hrsg. von Volker Meid, Stuttgart 1980 (RUB Nr. 9953)

Campe, Joachim Heinrich: *Vaeterlicher Rath für meine Tochter. Ein Gegenstück zum Theophron*, Braunschweig 1789

Gellert, Christian Fürchtegott: *C. F. Gellerts Briefwechsel*, hrsg. von
   John F. Reynolds, Bd. 1 *(1740 - 1755)*, Berlin und New York 1983

----------: *Die epistolographischen Schriften*. Faksimiledruck nach den
   Ausgaben von 1742 und 1751. Mit einem Nachwort von Reinhard M. G.
   Nickisch, Stuttgart 1971 (Deutsche Neudrucke. Reihe Texte des 18.
   Jahrhunderts, hrsg. von Paul Böckmann und Friedrich Sengle)

----------: *Fabeln und Erzählungen*. Historisch-kritische Ausgabe, hrsg.
   von Siegfried Scheibe, Tübingen 1966 (Neudrucke deutscher Literaturwerke, N.F. 17)

----------: *Leben der schwedischen Gräfin von G****, hrsg. von Jörg-Ulrich
   Fechner, Stuttgart 1968 (RUB Nr. 8536/37) /¯Text der 2. Auflage,
   Leipzig 1750_7

----------: *Schriften zur Theorie und Geschichte der Fabel*. Historisch-
   kritische Ausgabe, hrsg. von Siegfried Scheibe, Tübingen 1966
   (Neudrucke deutscher Literaturwerke, N.F. 18)

Gottsched, Johann Christoph: *Schriften zur Literatur*, hrsg. von Horst
   Steinmetz, Stuttgart 1972 (RUB Nr. 9361)

Henckel, Erdmann Heinrich Graf: *Die letzten Stunden einiger Der Evangelischen Lehre zugethanen und in diesem und nechst verflossenen*

*Jahren selig in dem HERRN Verstorbenen Personen. Von unterschiedenem
Stande, Geschlecht und Alter, Zum Lobe GOttes und zu allgemeiner
Erweckung, Erbauung und Stärckung so wol derer ietzo lebenden, als
der Nachkommen. Aus gewissen und wohlgeprüften Nachrichten zusammen-
getragen.* Bd. 1, 3. Aufl., Halle 1732 /‾oder 1733_7; Bd. 2, 3. Aufl.,
Halle 1734

/‾Hermes, Johann Timotheus:_7 *Sophiens Reise von Memmel nach Sachsen,*
   /‾1. Teil,_7 Leipzig 1770

La Roche, Sophie von: *Geschichte des Fräulein von Sternheim,* hrsg. von
   Fritz Brüggemann, Leipzig 1938 (Deutsche Literatur. Sammlung literarischer Kunst- und Kulturdenkmäler in Entwicklungsreihen. Reihe Aufklärung, Bd. 14)

----------: *Geschichte des Fräuleins von Sternheim,* hrsg. von Barbara
   Becker-Cantarino, Stuttgart 1983 (RUB Nr. 7934)

Meier, Georg Friedrich: *M. Georg. Friedrich Meiers theoretische Lehre von
   den Gemüthsbewegungen überhaupt,* Halle 1744; photomechanischer Nachdruck: Frankfurt am Main 1971 (Athenäum Reprints)

Mendelssohn, Moses: *Ästhetische Schriften in Auswahl,* hrsg. von Otto F.
   Best, Darmstadt 1974 (Texte zur Forschung, Bd. 14)

Der Patriot nach der Originalausgabe Hamburg 1724-26, hrsg. von Wolfgang
   Martens. Bd. 1-4, Berlin 1969-1984 (Ausgaben deutscher Literatur des
   XV. bis XVIII. Jahrhunderts)

Wieland, Christoph Martin: *Geschichte des Agathon.* Erste Fassung, unter
   Mitwirkung von Reinhard Döhl hrsg. von Fritz Martini, Stuttgart 1979
   (RUB Nr. 9933)

Anthologien:

*Die bürgerliche Gemeinschaftskultur der vierziger Jahre. Erster Teil:
   Lyrik und Roman,* hrsg. von Fritz Brüggemann, Leipzig 1933 (Deutsche
   Literatur. Sammlung literarischer Kunst- und Kulturdenkmäler in

Entwicklungsreihen. Reihe Aufklärung, Bd. 5)

Empfindsamkeit. Theoretische und kritische Texte, hrsg. von Wolfgang
Doktor und Gerhard Sauder, Stuttgart 1976 (RUB Nr. 9835)

Kant *et al.: Was ist Aufklärung? Thesen und Definitionen*, hrsg. von Ehrhard Bahr, Stuttgart 1974 (RUB Nr. 9714)

Theorie und Technik des Romans im 17. und 18. Jahrhundert, hrsg. von
Dieter Kimpel und Conrad Wiedemann. Bd. 1: *Barock und Aufklärung;*
Bd. 2: *Spätaufklärung, Klassik und Frühromantik*, Tübingen 1970
(Deutsche Texte 16, 17)

B.   FORSCHUNGSLITERATUR

1. Literatur zu Gellert

Brüggemann, Fritz: *Gellerts Schwedische Gräfin. Der Roman der Welt- und
Lebensanschauung des vorsubjektivistischen Bürgertums. Eine entwicklungsgeschichtliche Analyse*, Aachen 1925

----------: "Der Kampf um die bürgerliche Welt- und Lebensanschauung in
der deutschen Literatur des 18. Jahrhunderts", in: *DVjs* 3 (1925),
S.94-127

Cleve, John Van: "A Countess in Name only: Gellert's *Schwedische Gräfin*",
in: *The Germanic Review* 55 (1980), S.152-155

Dorn, Max: *Der Tugendbegriff Chr. F. Gellerts auf der Grundlage des Tugendbegriffs der Zeit. Ein Beitrag zur Wortgeschichte*, Greifswald 1921
(Phil. Diss., 1919)

Durach, Moritz: *Christian Fürchtegott Gellert. Dichter und Erzieher*,
Dresden o. J. /¯Vorwort: 1938_7 (Schriftenreihe: Große Sachsen –
Diener des Reiches, Bd. 6)

Jacobs, Jürgen: "Gellerts Dichtungstheorie", in: *Literaturwissenschaftliches Jahrbuch der Görres-Gesellschaft*, N.F. 10 (1969), S.95-108

Kretschmer, Elisabeth: *Gellert als Romanschriftsteller*, Breslau 1902
(Phil. Diss.)

Martens, Wolfgang: "Lektüre bei Gellert", in: *Festschrift für Richard
Alewyn*, hrsg. von Herbert Singer und Benno von Wiese, Köln und Graz
1967, S.123-150

May, Kurt: *Das Weltbild in Gellerts Dichtung*, Frankfurt am Main 1928
(Deutsche Forschungen, Heft 21)

Meyer-Krentler, Eckhardt: *Der andere Roman. Gellerts 'Schwedische Gräfin':
Von der aufklärerischen Propaganda gegen den 'Roman' zur empfindsamen Erlebnisdichtung*, Münster 1974 (Phil. Diss. 1973)

Rausch, Ursula: *Philipp von Zesens "Adriatische Rosemund" und C. F.
Gellerts "Leben der schwedischen Gräfin von G." Eine Untersuchung
zur Individualitätsentwicklung im deutschen Roman*, Freiburg i. Br.
1961 (Phil. Diss., masch.)

Schlingmann, Carsten: *Gellert. Eine literarhistorische Revision*, Frankfurt
am Main 1967 (Phil. Diss.; Frankfurter Beiträge zur Germanistik, Bd.3)

Spaethling, Robert H.: "Die Schranken der Vernunft in Gellerts *Leben der
schwedischen Gräfin von G.*: Ein Beitrag zur Geistesgeschichte der
Aufklärung", in: *PMLA* 81 (1966), S.224-235

2. Literatur zu La Roche

Assing, Ludmilla: *Sophie von La Roche, die Freundin Wieland's*, Berlin 1859

Hohendahl, Peter Uwe: "Empfindsamkeit und gesellschaftliches Bewußtsein.
Zur Soziologie des empfindsamen Romans am Beispiel von *La Vie de
Marianne, Clarissa, Fräulein von Sternheim* und *Werther*", in: *Jahrbuch
der deutschen Schillergesellschaft* 16 (1972), S.176-207

Milch, Werner: *Sophie La Roche. Die Großmutter der Brentanos*, Frankfurt
am Main 1935

Petschauer, Peter: "Sophie von LaRoche,Novelist between Reason and Emotion", in: *The Germanic Review* 57 (1982), S.70-77

Ridderhoff, Kuno: *Sophie von La Roche, die Schülerin Richardsons und Rousseaus*, Einbeck 1895 (Phil. Diss. Göttingen, 1894)

Spickernagel, Wilhelm: *Die "Geschichte des Fräuleins von Sternheim" von La Roche und Goethes "Werther"*, Greifswald 1911 (Phil. Diss.)

Sudhof, Siegfried: "Sophie Laroche", in: *Deutsche Dichter des 18. Jahrhunderts. Ihr Leben und Werk*, hrsg. von Benno von Wiese, Berlin 1977, S.300–319

Touaillon, Christine: *Der deutsche Frauenroman des 18. Jahrhunderts*, Wien und Leipzig 1919

Voss, Ernst Theodor: *Erzählprobleme des Briefromans dargestellt an vier Beispielen des 18. Jahrhunderts. Sophie La Roche, "Geschichte des Fräulein von Sternheim", Joh. Wolfg. Goethe, "Die Leiden des jungen Werther", Joh. Timoth. Hermes, "Sophiens Reise von Memel nach Sachsen", Christoph Martin Wieland, "Aristipp und einige seiner Zeitgenossen"*, Bonn 1960 (Phil. Diss., 1958)

3. Allgemeine Forschungsliteratur

Abel, Günter: *Stoizismus und frühe Neuzeit. Zur Entstehungsgeschichte modernen Denkens im Felde von Ethik und Politik*, Berlin und New York 1978

Ariès, Philippe: *Geschichte des Todes*. Aus dem Französischen von Hans-Horst Henschen und Una Pfau, München und Wien 1980 (Hanser Anthropologie) /¯Französische Originalausgabe 1978_7

Barner, Wilfried: *Barockrhetorik. Untersuchungen zu ihren geschichtlichen Grundlagen*, Tübingen 1970

Becker, Eva D.: *Der deutsche Roman um 1780*, Stuttgart 1964 (Germanistische Abhandlungen 5; Phil. Diss., Heidelberg 1963)

Blankertz, Herwig: *Die Geschichte der Pädagogik. Von der Aufklärung bis zur Gegenwart*, Wetzlar 1982

Cassirer, Ernst: *Die Philosophie der Aufklärung*, Tübingen 1932

Choron, Jaques: *Der Tod im abendländischen Denken*. Aus dem Englischen übersetzt von Renate und Klaus Birkenhauer, Stuttgart 1967 /¯Originalausgabe: Death and Western Thought, New York 1963_7

Dedner, Burghard: *Topos, Ideal und Realitätspostulat. Studien zur Darstellung des Landlebens im Roman des 18. Jahrhunderts*, Tübingen 1969 (Studien zur deutschen Literatur, Bd. 16)

----------: "Vom Schäferleben zur Agrarwirschaft. Poesie und Ideologie des 'Landlebens' in der deutschen Literatur des 18. Jahrhunderts", in: *Jahrbuch der Jean-Paul-Gesellschaft* 7 (1972), S.40–83

Engelsing, Rolf: *Analphabetentum und Lektüre. Zur Sozialgeschichte des Lesens in Deutschland zwischen feudaler und industrieller Gesellschaft*, Stuttgart 1973

----------: *Der Bürger als Leser. Lesergeschichte in Deutschland 1500-1800*, Stuttgart 1974

Flemming, Willi: *Der Wandel des deutschen Naturgefühls vom 15. zum 18. Jahrhundert*, Halle/Saale 1931 (*DVjs* Buchreihe, Bd. 18)

Flessau, Kurt-Ingo: *Der moralische Roman. Studien zur gesellschaftskritischen Trivialliteratur der Goethezeit*, Köln und Graz 1968 (Literatur und Leben, N.F. 10; gleichzeitig Phil. Diss. Hamburg 1965)

Frenzel, Elisabeth: *Motive der Weltliteratur. Ein Lexikon dichtungsgeschichtlicher Längsschnitte*, 2., verbesserte Aufl., Stuttgart 1980 (Kröners Taschenausgabe Bd. 301)

----------: *Stoffe der Weltliteratur. Ein Lexikon dichtungsgeschichtlicher Längsschnitte*, 4., überarb. Aufl., Stuttgart 1976 (Kröners Taschenausgabe Bd. 300)

Greiner, Martin: *Die Entstehung der modernen Unterhaltungsliteratur. Studien zum Trivialroman des 18. Jahrhunderts*, hrsg. von Therese Poser, Reinbek 1964 (Rowohlts deutsche Enzyklopädie, Sachgebiet Literaturwissenschaft)

Hausherr, Hans: *Wirtschaftsgeschichte der Neuzeit vom Ende des 14. bis zur Höhe des 19. Jahrhunderts*, 3. Aufl., Köln und Graz 1960

Hazard, Paul: *Die Herrschaft der Vernunft. Das europäische Denken im 18. Jahrhundert*. Aus dem Französischen übertragen von Harriet Wegener und Karl Linnebach, Hamburg 1949

Jäger, Georg: *Empfindsamkeit und Roman. Wortgeschichte, Theorie und Kritik im 18. und frühen 19. Jahrhundert*, Stuttgart 1969 (Studien zur Poetik und Geschichte der Literatur, Bd. 11)

Kaiser, Gerhard: *Aufklärung, Empfindsamkeit, Sturm und Drang*, 3. Aufl., München 1979 (Geschichte der deutschen Literatur, hrsg. von Gerhard Kaiser, Bd. 3; UTB 484)

Kimpel, Dieter: *Der Roman der Aufklärung (1670 - 1774)*, 2., völlig neubearb. Aufl., Stuttgart 1977 (Sammlung Metzler, M 68)

Konrad, J.: "Vorsehung", in: *RGG*, Bd. 6, Tübingen 1962, S.1496–1499

Koselleck, Reinhart: *Kritik und Krise. Eine Studie zur Pathogenese der bürgerlichen Welt*, Frankfurt am Main 1973 (stw 36); 1. Aufl. 1959

Lämmert, Eberhard: *Bauformen des Erzählens*, 7. Aufl., Stuttgart 1980

Lausberg, Heinrich: *Elemente der literarischen Rhetorik. Eine Einführung für Studierende der klassischen, romanischen, englischen und deutschen Philologie*, 6. Aufl., München 1979

Lukács, Georg: *Die Theorie des Romans. Ein geschichtsphilosophischer Versuch über die Formen der großen Epik*, 6. Aufl., Darmstadt und Neuwied 1981 (Sammlung Luchterhand 36)

Markwardt, Bruno: *Geschichte der deutschen Poetik. Bd. 2: Aufklärung, Rokoko, Sturm und Drang*, Berlin 1956 (Grundriß der germanischen Philologie, 13/2)

Mittelstraß, Jürgen: *Neuzeit und Aufklärung. Studien zur Entstehung der neuzeitlichen Wissenschaft und Philosophie*, Berlin und New York 1970

Müller, Günther: "Aufklärungszeitalter", in: *Literaturwissenschaftliches Jahrbuch der Görres-Gesellschaft* 6 (1931), S.82–94

Mottek, Hans: *Wirtschaftsgeschichte Deutschlands. Ein Grundriß. Bd. 1: Von den Anfängen bis zur Zeit der Französischen Revolution*, 2. Aufl., Berlin (Ost) 1959

Neuhaus, Volker: *Typen multiperspektivischen Erzählens*, Köln 1971
(Literatur und Leben, N.F., Bd. 13)

Petriconi, H/¯ellmuth_7: *Die verführte Unschuld. Bemerkungen über ein
literarisches Thema*, Hamburg 1953 (Hamburger Romanistische Studien.
A. Allgemeine Romanistische Reihe, Bd. 38)

Rasch, Wolfdietrich: *Freundschaftskult und Freundschaftsdichtung im
deutschen Schrifttum des 18. Jahrhunderts. Vom Ausgang des Barock
bis zu Klopstock*, Halle/Saale 1936 (*DVjs* Buchreihe, Bd. 21)

Rudolf, Rainer: *Ars moriendi. Von der Kunst des heilsamen Lebens und
Sterbens*, Köln und Graz 1957 (Forschungen zur Volkskunde, Bd. 39)

Sauder, Gerhard: *Empfindsamkeit*. Bd. 1: *Voraussetzungen und Elemente*,
Stuttgart 1974

Schulte-Sasse, Jochen: *Die Kritik an der Trivialliteratur seit der Aufklärung. Studien zur Geschichte des modernen Kitschbegriffs*, München
1971 (Bochumer Arbeiten zur Sprach- und Literaturwissenschaft, Bd. 6;
bearbeitete Fassung der Phil. Diss. Bochum, 1968)

Singer, Herbert: *Der deutsche Roman zwischen Barock und Rokoko*, Köln und
Graz 1963 (Literatur und Leben, N.F., Bd. 6)

Thalmann, Marianne: *Der Trivialroman des 18. Jahrhunderts und der romantische Roman. Ein Beitrag zur Entwicklungsgeschichte der Geheimbundmystik*, Berlin 1923 (Germanische Studien 24); Nachdruck 1967

Vierhaus, Rudolf: *Deutschland im Zeitalter des Absolutismus (1648 - 1763)*,
Göttingen 1978 *(Deutsche Geschichte*, hrsg. von Joachim Leuschner,
Bd. 6; Kleine Vandenhoeck-Reihe, 1439)

Voßkamp, Wilhelm: *Romantheorie in Deutschland. Von Martin Opitz bis Friedrich von Blanckenburg*, Stuttgart 1973 (Germanistische Abhandlungen 40)

Weydt, Günther: "Der deutsche Roman von der Renaissance und Reformation
bis zu Goethes Tod", in: *Deutsche Philologie im Aufriß*, hrsg. von
Wolfgang Stammler, unveränderter Nachdruck der 2. Aufl., Bd. 2,
Berlin 1966, S.1217-1356